O Cético

Romance Espírita

ADA MAY

O CÉTICO

JOSÉ BENTO
{Espírito}

© 2015 by Ada May

INSTITUTO LACHÂTRE
CAIXA POSTAL 164 – CEP 12.914-970 – BRAGANÇA PAULISTA – SP
TELEFONE: (11) 4063-5354
PÁGINA NA INTERNET: www.lachatre.org.br
EMAIL: editora@lachatre.org.br

1ª EDIÇÃO – FEVEREIRO DE 2015
3.000 EXEMPLARES

PROGRAMAÇÃO VISUAL DA CAPA
CÉSAR FRANÇA DE OLIVEIRA

IMAGEM DA CAPA E ABERTURA DOS CAPÍTULOS
LE BOULEVARD DU CRIME EN 1862
PINTURA DE ADOLPHE MARTIAL POTÉMONT (MUSÉE CARNAVALET)

A reprodução parcial ou total desta obra, por qualquer meio, somente
será permitida com a autorização por escrito da Editora
(Lei no 9.610 de 19.02.1998)

CIP-Brasil. Catalogação na fonte

O cético / Ada May (José Bento, espírito), 1ª edição, Bragança Paulista, SP: Lachâtre, 2015.

256 p.

1.Espiritismo 2.História do espiritismo 3.Allan Kardec 4.Ermance Dufaux 5.Romance espírita I.Título. II. Apêndice. III. Bibliografia

CDD 133.9   CDU 133.7

Impresso no Brasil
Presita en Brazilo

1

Paris, França.
Fevereiro de 1857.

A sineta da porta tocou às sete horas em ponto, Alfred consultou o relógio de pulso, depois sorriu satisfeito. Como já não era mais possível viver em Londres, fizera questão absoluta de contratar o serviço de um entregador inglês. Estava convencido de que, se deixasse tão importante tarefa a cargo dos inconsequentes garotos franceses, a correspondência acabaria por chegar às mãos de seu patrão somente à hora do almoço.

Mesmo a contragosto, teve que reconhecer a beleza sutil com que a luz dourada da manhã inundava a sala de refeições do majestoso palacete francês, circunstância que dificilmente ocorreria se estivesse na saudosa Inglaterra, cujos dias costumam começar e terminar debaixo da mesma nuvem de neblina durante a maior parte do ano.

Cerimoniosamente, o mordomo depositou seus tesouros diários – a correspondência e os jornais do dia – na secular bandeja de prata que jazia sobre o aparador. Alfred, do alto de sua irretocável eficiência britânica, lançou um último olhar à mesa finamente disposta para o café da manhã, verificando mentalmente cada detalhe. Corrigiu a postura de uma xícara que estava alguns milímetros fora de lugar até finalmente ceder à impressão de que o serviço estava com uma aparência aceitável.

Em seguida, avançou com passos rápidos em direção à porta envidraçada, abrindo-a segundos antes que a sombra alta e esguia que se aproximava a passos rápidos alcançasse a maçaneta.

– Bom dia, *sir* Arthur... – cumprimentou o mordomo, profissionalmente cortês.

– Muito bom dia, caro Alfred! Não imagina como é bom estar em casa, só para variar!

– O senhor tem viajado muito nos últimos meses, patrão...

– São os vários negócios na América que têm me afastado de casa! Deus sabe que a situação piorou muito desde que meu pai faleceu... Agora, não tenho como fugir dessas viagens maçantes... Sem falar no volume enorme de reuniões inúteis, que em sua maioria são pura perda de tempo!

"Que bela mesa! Tenho passado tanto tempo ausente que quase me esqueci deste serviço impecável. Por incrível que pareça, estes parisienses conquistaram-me pelo estômago, porque senti muitas saudades destes maravilhosos pãezinhos, dos quais nunca lembro o nome..."

– *Croissants*, senhor – concedeu o mordomo.

– Isso! Estes aqui com certeza estão implorando para serem devorados por este bárbaro inglês!

Seguindo um ritual que se repetia cotidianamente desde que Arthur era apenas um garotinho, o mordomo serviu-lhe uma xícara de chá com um pingo de leite. Na sequência, tratou de colocar ao alcance do patrão a bandeja com seus tesouros: a correspondência do dia.

– Obrigado... – agradecido, Arthur começou a separar as cartas com avidez, por ordem de interesse, até que seu olhar treinado identificou o remetente como um velho amigo: "Dr. Edward Watson".

Arthur empurrou a xícara para o lado e esparramou a correspondência pela mesa, ignorando as espetadelas do olhar de desaprovação com que o velho mordomo o fulminava. Pinçou daquele emaranhado a única carta que realmente tinha captado seu interesse e pôs-se imediatamente a lê-la:

> *Nova Iorque, 08 de Fevereiro de 1857.*
> *Caro Arthur,*
> *Espero que tenha feito uma viagem tranquila em seu regresso a Paris! Imagino que, quando esta mensagem finalmente o alcançar, já estará de volta ao conforto de seu palacete francês! Também espero reencontrá-lo em breve, assim que tiver conseguido resolver os assuntos burocráticos que estão me detendo nesta cidade inóspita.*
> *Na verdade, sinto falta do saudável convívio com nossos amigos franceses, dos nossos passeios pelos simpáticos bulevares e, sobretudo, de nossas agradáveis conversas ao cair da tarde, nos cafés da* rue de Rochechouart.
> *Por aqui, não bastasse a paisagem ruim, a companhia é ainda pior. Estou entregue à conversa enfadonha desses cavalheiros de sobrecasaca negra que passam os dias a catalogar doenças e pacientes como se fossem apenas espécimes de suas bizarras coleções. Os médicos, agora vejo, podem ser uma espécie deveras maçante.*

– Watson fala como se não pertencesse a essa mesma classe! Imagino que, em matéria de gente maçante, os médicos só percam para os advogados! – Arthur disse para si mesmo, soltando uma ruidosa gargalhada.

> *Seguindo sua orientação, envio-lhe todos os periódicos americanos que tenham publicado algo que seja do interesse de sua renitente pesquisa, que, segundo minha insignificante opinião, já está à altura de uma neurose de ordem obsessiva.*
> *Imagino dar minha humilde contribuição à causa dos céticos, no duro embate entre materialismo versus espi-*

ritualismo! Por conta disso, é que destaco o exemplar do
Boston Courier, *que trás uma matéria interessantíssima*
sobre o comentado inquérito que este renomado jornal
está patrocinando com o objetivo de desmascarar os cha-
mados 'falsos médiuns'. Mantenho o suspense para que
leia o material na íntegra, a fim de honrar o trabalho que
tive para obtê-lo.

Espero logo estar de volta a Paris, quando poderemos
conversar mais longamente sobre tão empolgante assunto!

Até breve, caro pesquisador!

Dr. Edward Watson

Munido de um abridor de cartas ricamente entalhado em prata de lei, que pertencia à tradicional família Davenport há várias gerações, Arthur atacou ansiosamente o envelope de papel pardo que acompanhava a carta do amigo, de onde retirou vários recortes de jornal que também espalhou pela mesa. Num relance, leu a manchete principal: "Irmãs Fox perdem prêmio de 500 dólares – O desafio continua..."

Seus olhos percorreram avidamente o texto impresso, lendo alguns trechos e intuindo outros, em busca da informação que mais interessava:

> [...] umas batidinhas facilmente rastreáveis às suas pessoas e facilmente feitas por outros, sem a presença de espíritos; nenhuma mesa ou piano levitou, e nada se moveu sequer um milímetro. [...] E assim termina essa impostura ridícula e infame.

O homem deu um largo sorriso de satisfação e, ávido por novidades que comprovassem suas certezas, prosseguiu com a leitura para apreender plenamente o resultado da investigação empreendida pelos professores e pesquisadores da renomada Universidade Harvard e amplamente divulgada pelo jornal americano.

O Cético | 9

Encontrou outro recorte, de uma data anterior, o que significava que, mesmo antes dos resultados pífios apresentados pelas irmãs Fox, outra dupla de médiuns reconhecida por promover grandes apresentações públicas, os famosos irmãos Davenport – "os médiuns do armário" – também tinha dado vexame quando submetida à apreciação dos homens da ciência.

Os irmãos Davenport haviam se candidatado ao prêmio com o mesmo número que costumavam apresentar às plateias lotadas que os assistiam onde quer que fossem. Eles usavam uma espécie de armário portátil, onde colocavam vários instrumentos musicais que supostamente tocavam sozinhos, ou, melhor dizendo, sob a intervenção dos espíritos. Para tanto, os irmãos se deixavam amarrar dos pés à cabeça com cordas e, depois que seus assistentes lhes sujavam as mãos com farinha, eles eram trancados dentro do armário, chamado de gabinete mediúnico. A prova de que a música produzida enquanto os irmãos estavam amarrados dentro do armário vinha do além era justamente o fato de que, após o concerto, suas mãos ainda continuavam sujas de farinha, enquanto que os instrumentos permaneciam imaculados.

Quando os irmãos se apresentaram ao tira-teima promovido pelo jornal para comprovar sua mediunidade, o cientista escolhido para acompanhá-los foi justamente o matemático e astrônomo Benjamim Pierce. Em nenhum momento Pierce explicou o que pretendia fazer para controlar o experimento, apenas esperou que os irmãos estivessem devidamente preparados, ou seja, amarrados, sujos de farinha e trancados no armário. Assim que a música começou a tocar, Pierce invadiu o armário de supetão e tratou de agarrar os instrumentos um a um. À medida que isso acontecia, os mesmos iam parando de tocar! Diante do ocorrido, os cientistas presentes concluíram que tudo não passava de algum tipo de truque e que, pelo fato de os irmãos serem exímios músicos e hábeis mágicos, não havia nenhuma evidência da presença de espíritos ou ação magnética extrafísica que justificasse uma natureza comprovadamente 'mediúnica'. Assim, apesar dos irmãos Davenport terem recebido um "desmascaramento nebuloso e muito questionável", a verdade é que foram impedidos de continuar disputando o prêmio estabelecido pelo jornal.

Alguns dias mais tarde, quando as duas médiuns Fox não conseguiram evidenciar sua mediunidade por meio de experimentações conclusivas, ao menos na opinião dos venerados cientistas que as julgaram, o jornal achou por bem encerrar a competição e a entrega do respectivo prêmio, alegando que nenhum médium dos que tinham se apresentado havia preenchido todos os requisitos para levá-lo.

"Melhor para o jornal, que economizou um polpudo prêmio! Na verdade, tanto esses médiuns fajutos como os jornalistas que lhes dão voz e prestígio não passam de um bando de aproveitadores da credulidade humana. Estão todos atrás do mesmo objetivo espúrio que é ganhar dinheiro fácil."

Esses eram os pensamentos do advogado, para quem os médiuns não passavam de escória à beira da delinquência. No caso dos irmãos Davenport, havia um motivo adicional para instigar sua implicância, já que ele e os irmãos médiuns tinham um sobrenome em comum, mesmo não havendo nenhum parentesco entre suas famílias.

"Esses bruxos miseráveis! Como se atrevem a emporcalhar um sobrenome tão genuinamente inglês como 'Davenport'. Isso é absolutamente imperdoável!"

Por diversas vezes, Arthur pensou em entrar com um processo na justiça com o objetivo de impedir que os médiuns usassem um sobrenome tão tradicional. Porém, após exaustiva pesquisa, o advogado teve que render-se à evidência de que não havia nada na legislação vigente que justificasse sua petição. Por incrível que pareça, a lei inglesa facultava direitos iguais no uso dos sobrenomes, mesmo aos indivíduos que pertencessem ao ramo mais pobre e longínquo de uma mesma árvore genealógica.

Assim que terminou a leitura, Arthur reuniu os novos itens de seu tesouro e decidiu retirar-se para seus aposentos íntimos

O Cético | 11

antes que Alfred visse a bagunça que tinha armado sobre a mesa do sagrado café da manhã. Sabia por experiência própria que o velho inglês podia ficar muito rabugento quando encontrava algum tipo de desordem em seus domínios. Subiu as escadas rapidamente, pulando os degraus de dois em dois, feliz pelo privilégio de possuir pernas tão longas. Seguiu pelo extenso corredor, tão margeado de portas que lembrava uma pequena vila medieval, até finalmente alcançar seu escritório.

Ali, refugiado em seu universo particular, podia promover a desordem que bem entendesse sem ser importunado por ninguém. Sentou-se em sua poltrona preferida e abriu uma das muitas gavetas da escrivaninha ricamente marchetada com madeiras multicoloridas, retirando apressadamente uma pasta de papel pardo, cuja etiqueta identificava seu conteúdo: "Irmãs Fox".

"Neurose de ordem obsessiva" – Arthur repetiu para si mesmo, usando as palavras do amigo médico, enquanto adicionava cuidadosamente os novos recortes de jornal ao restante do acervo. Talvez o bom doutor estivesse no caminho de um diagnóstico correto a julgar-se o tempo que vinha dedicando àquela malfadada pesquisa e ao enorme espaço que ela estava ocupando em sua vida.

Recostou-se na confortável poltrona de couro e, mesmo sem perceber, passou a procurar nos escaninhos da memória a lembrança de como aquela bizarra pesquisa tivera início. Era impressionante constatar como o tempo passava rápido, quando se parava um instante para pensar nisso.

Nesse caso, o primeiro evento acontecera na agora distante primavera de 1850, numa visita de trabalho que fizera à cidade de Nova Iorque. Como de hábito, Arthur tinha se hospedado no antigo Hotel Barnum e estava justamente no bar tomando um *drink* na companhia de seu fiel amigo, dr. Edward Watson, quando um grande cartaz fixado no *hall* de entrada chamou sua atenção.

A propaganda informava data e hora de um proclamado evento: a primeira sessão pública que a senhora Fox e suas três

12 | José Bento / Ada May

filhas fariam na cidade, com o objetivo de demonstrar à sociedade nova-iorquina o verdadeiro alcance de seus dotes mediúnicos.

– Médiuns?! Sabe do que se trata, Watson?

– Somente por acaso, sei. Graças à língua solta de uma enfermeira da clínica no centro da cidade, fiquei sabendo de todos os pormenores da saga dessa família de humildes camponeses, de sobrenome Fox, que viviam num vilarejo chamado Hydesville.

– Conte-me tudo! – pediu o advogado, expelindo uma nuvem de seu peculiar cachimbo, conhecido como *calabash*.

– Parece que a família Fox teve a infelicidade de alugar uma casa onde havia um fantasma... – disse Watson, e calou-se abruptamente. Era evidente que a pausa dramática pretendia gerar suspense em sua minúscula plateia.

– Caro Watson, lembre-se de que os ingleses são naturalmente imunes às histórias de fantasmas. Você é um homem culto e sabe que não há um só castelo na Grã-Bretanha que não venha com seu fantasma particular incluído na herança!

– Sim, mas normalmente são apenas relatos de 'avistamentos' de espectros ou coisa parecida. Este caso é muito peculiar, porque mais instigante do que o próprio fantasma é o modo como ele foi descoberto!

– Agora sim, você captou minha atenção! Por favor, prossiga... – respondeu Arthur, os olhos negros como carvão tisnados da mais genuína ironia.

O médico ajeitou-se em sua poltrona; sentia-se satisfeito porque finalmente tinha uma história que podia competir em interesse com os casos que o amigo advogado costumava contar com especial talento. Porém, sabia que teria que caprichar na narrativa para não perder a atenção de um ouvinte tão exigente.

– Parece que a casa tinha fama de assombrada, mas a família desconhecia o fato quando a alugou. Foi cerca de um ano depois de estarem morando lá que começaram a ser incomodados por ruídos estranhos. A princípio era apenas o som ocasional de arranhaduras que pareciam brotar de portas e paredes, mas, a partir de março de 1848, o barulho começou a aumentar de intensidade, evoluindo para pancadas e um som muito peculiar, parecido com o de móveis sendo arrastados.

"A família investigou exaustivamente os estranhos ruídos, mas não conseguiu identificar sua causa. Por vezes, o solo vibrava tão forte que as camas tremiam, sendo que as vibrações pareciam brotar do assoalho. Certa noite, os golpes se fizeram ouvir sem parar e foram ficando cada vez mais fortes, até soarem como verdadeiras trovoadas numa tempestade. As filhas do casal acabaram apavoradas, abandonaram o quarto que dividiam e foram buscar refúgio no quarto de seus pais.

"Até que, numa noite de sexta-feira, 31 de março de 1848, a situação atingiu seu clímax... Os fenômenos sonoros tornaram-se verdadeiramente insuportáveis para os moradores e o desfecho de tão sinistro episódio acabou entrando para a história de Hydesville..." – Watson fez nova pausa, decerto para valorizar-lhe o final.

– Algum espectro fantasmagórico surgiu e matou a todos de puro susto? – perguntou Arthur, sarcástico como de hábito. Watson preferiu ignorar o comentário e prosseguiu:

– Nessa ocasião, a família decidiu dormir mais cedo, já que todos estavam insones por culpa da excepcional barulheira ocorrida na noite anterior. Com essa providência, esperavam poder escapar ao incômodo causado pelas manifestações que se produziam quase sempre no meio da noite. No entanto, desta vez, mal colocaram suas cabeças sobre os travesseiros, os ruídos recomeçaram. A situação era tão surreal que parecia algum tipo de brincadeira! A mãe levantou-se e, completamente exasperada, afirmou que não era possível dormir naquele quarto. De súbito, as meninas decidiram imitar as batidas que ouviam, estalando os dedos e batendo palmas a cada nova saraivada de ruídos estranhos. A menina chamada Katie, de apenas onze anos, criou coragem e desafiou o diabrete dizendo: "sr. Pé Rachado, faça o que eu faço!", e bateu palmas.[1]

---

[1] A família Fox era protestante e uma das explicações frequentes de sua igreja para esses fenômenos era a intervenção do demônio. Chamar o agente

14 | José Bento / Ada May

"Imediatamente ouviu-se o rumor de pancadas repercutindo pelas paredes do quarto, mas, se ela parava de bater palmas, a réplica imediatamente cessava. Foi então que a outra filha, de quatorze anos e chamada Margareth, resolveu entrar na brincadeira. Ela pediu: "Agora, faça exatamente como eu", e bateu palmas. Uma, duas, três, até quatro vezes, e, a cada vez, os golpes replicaram a mesma quantidade de palmas que a menina produzira.

"Desta vez, esse sinal de inteligência alarmou a garota, que imediatamente abandonou a experiência. Nessa hora, o semblante de sua irmã Kate iluminou-se com a ideia que tivera para explicar o tal fenômeno e afirmou: 'Mamãe! Eu já sei o que é isso! Amanhã, é primeiro de abril, que é dia da mentira! Só pode ser alguém querendo nos pregar uma peça!'"

– Finalmente aparece alguém nessa família que usa a cabeça para algo além de separar as orelhas! – Arthur comentou, dando uma sonora gargalhada.

Watson nada respondeu, apenas arqueou as sobrancelhas para indicar que não aprovava aquela deselegante interrupção em sua narrativa.

– Desculpe. Continue, por favor...

O amigo tomou um gole de seu uísque e pigarreou teatralmente antes de voltar ao relato da enfermeira tagarela.

– A mãe das meninas, percebendo a estranheza da situação, decidiu que também faria seu teste. Tomou coragem para dar instruções ao batedor invisível: "Se for possível, indique por meio de batidas as idades dos meus filhos, começando do maior para o menor!"

"Sucessivamente, foram dadas batidas em número da idade exata de cada um de seus filhos, intercaladas por uma pequena pausa para separá-los, até chegar ao sétimo filho. Em seguida, depois de uma pausa um pouco mais longa do que as anteriores, ouviram-se três fortes batidas, que correspondiam ao oitavo filho, um menino de três anos que havia falecido pre-

---

causador de "sr. Pé Rachado" era uma explícita referência a essa entidade, que teria chifres e pé rachado como as patas do bode.

O Cético | 15

cocemente. A mãe ficou impressionada pela correção das respostas e perguntou: 'É um ser humano quem me responde tão corretamente?' Não houve resposta. Sem se dar por vencida, ela perguntou novamente: 'É um espírito? Se for, dê duas batidas.' Duas batidas foram ouvidas por todos. Animando-se com as possibilidades, ela disse: 'Se for o espírito de alguém que tenha sido assassinado, então, dê duas batidas.' Estas foram dadas instantaneamente, produzindo um tremor nas paredes da casa. Na sequência, ela perguntou se o espírito tinha sido assassinado naquela mesma casa e a resposta foi idêntica à anterior, uma espécie de chacoalhar de paredes.

"Pelo mesmo processo, a senhora Fox seguiu perguntando até deduzir que o fantasma era de um homem que fora assassinado naquela casa e que seu cadáver estava enterrado na adega. Por fim, estando plenamente convencida da realidade do fenômeno, ela perguntou: 'Continuará a bater se eu chamar os vizinhos para que também o ouçam e testemunhem a sua presença?' Sua resposta afirmativa foi ouvida em alto e bom som, repercutindo pelas paredes."[2]

Desta vez, Watson tomou um longo gole de seu *drink*, sinalizando que dava a história por encerrada.

– Trata-se de uma inovadora história de fantasma que se comunica com os vivos por intermédio de batidas cuja sonoridade parece irrefutável! Tenho certeza de que até mesmo os ingleses irão se interessar por tal novidade... – opinou Arthur, sem disfarçar o desdém.

– O amigo deve considerar que o que diferencia este caso específico da amálgama de histórias sobre assombrações a que estamos acostumados é justamente o fato de que este em especial foi confirmado por uma verdadeira multidão de testemunhas oculares, ou, melhor dizendo, audientes. Foram vizinhos, parentes e curiosos em geral que estiveram na casa naquela noite e que, sem sombra de dúvida, testemunharam que ouviram

---

[2] A narrativa acima foi baseada no depoimento textual da matriarca da família, Margaret Fox, colhido quatro dias após o fato ocorrido.

16 | José Bento / Ada May

o fantasma batedor responder às várias perguntas feitas pela audiência por intermédio de sucessivas batidas.

Arthur C. Davenport expeliu uma gigantesca nuvem de fumaça branca, que por um instante nublou completamente o ambiente, provocando um acesso de tosse no jovem médico.

– Caro Watson, analisemos os fatos e, por favor, corrija-me se eu estiver errado: aposto meu cachimbo de estimação que foi logo após esse bizarro incidente envolvendo o 'fantasma batedor de Hydesville' que a matriarca da família Fox teve a brilhante ideia de exibir suas jovens filhas à curiosidade das plateias ávidas por novidades, provavelmente em troca de alguns trocados, como se fossem atrações de um circo de horrores.

Watson continuou calado, sorvendo de quando em quando pequenos goles de sua forte bebida. Aguardava com extrema expectativa a opinião do amigo, que, aliás, era um reconhecido investigador, com um vasto currículo de casos desvendados.

– Lamento contrariá-lo, mas, como é natural nesse tipo de ocorrência, não vejo nada de sobrenatural nesse caso. O mais provável é que o casal Fox tenha arquitetado essa farsa com a ajuda de um cúmplice. Não seria nada difícil que houvesse alguém do lado de fora da casa disposto a provocar as tais batidas nas paredes em troca de alguns xelins. Bastaria que esse indivíduo fosse instruído de antemão sobre quais seriam as perguntas e suas respectivas respostas para conseguir provocar o assombro nos ignorantes e nos crédulos. Você sabe que os camponeses têm uma tendência natural a acreditar em soluções mágicas ou sobrenaturais para seus problemas. Tem sido assim desde a antiguidade!

"Meu palpite é de que se trata de um plano muito bem orquestrado por uma dupla de espertalhões em cima dos pacatos moradores desse vilarejo. E afirmo que esse tão decantado 'fenômeno' teria caído por terra imediatamente, se tivesse sido investigado por um profissional competente."

Watson deu um longo suspiro, pensou em refutá-lo, mas depois respondeu:

O Cético | 17

– Adoraria desapontá-lo, Arthur, mas acho que você está certo. O que é uma pena, porque eu gostaria muito de ganhar tal aposta, porque somente assim eu poderia arremessar esse seu cachimbo fumarento no fundo da baía de Hudson. Infelizmente, parece que não será desta vez...

Uma leve batida na porta trouxe Arthur de volta do mar revolto de suas estranhas recordações. Seus olhos pousaram instintivamente no calendário sobre a mesa: a realidade apontava que sete longos anos já tinham se passado desde que ouvira a história das irmãs Fox pela primeira vez.

– Sim? – perguntou sem abandonar a poltrona.

A voz rouca de Alfred informou que ele estava atrasado para encontrar-se com o primeiro cliente do dia, que havia chegado há exatos três minutos e que o estava aguardando no átrio.

– Maldita pontualidade britânica – resmungou, olhando para o relógio de pulso. – Obrigado, Alfred. Já estou descendo. Faça a gentileza de conduzi-lo até a sala de reuniões.

Normalmente eram os advogados que costumavam ir ao encontro de seus clientes. No entanto, Arthur C. Davenport era uma espécie muito peculiar de profissional. Arthur gostava de pensar em si mesmo como um tipo raro de 'Investigador', assim mesmo, com 'i' maiúsculo.

Seu conhecimento ímpar das leis e dos escaninhos dos labirintos judiciários de vários países fazia com que seus serviços fossem muito valorizados, principalmente nos casos de difícil solução, onde muitos outros já tivessem fracassado. O ego de Arthur orgulhava-se de incluir nessa lista a boa e antiquada Scotland Yard.

Porém, mais do que sua sagacidade, perspicácia e domínio do raciocínio lógico, era sua aguçada intuição, que sempre fazia a diferença quando lhe colocavam nas mãos um novo caso sem saída. Mais do que a nobre linhagem e alta classe social, era sobretudo por essas inusitadas qualidades que Arthur era admirado e respeitado por aqueles que procuravam a excelência de seus serviços, que eram disputados a tapa por uma seleta clientela disposta a pagar somas altíssimas e a esperar por muitas semanas, às vezes por meses a fio, pelo privilégio de obter sua atenção e a análise diferenciada que ele certamente daria à insolúvel questão. "Sem mencionar sua natural fleuma britânica" – certamente seu maior atributo na sagaz opinião do dr. Watson.

2

– JEANNE! – subitamente, um grito torturado soou na madrugada, mas foi imediatamente abafado pelo barulho da chuva infernal que lavava os telhados de Paris.
– Estou bem aqui, querida. Abra os olhos e pegue a minha mão! Não precisa ter medo, são apenas os trovões rugindo lá fora! – foi assim, com as delicadas sacudidelas de sua preceptora, que Ermance finalmente acordou de mais um pesadelo, seus terríveis companheiros desde que nascera, cerca de dezesseis anos antes daquela noite de tempestade.

A moça agradeceu à providência divina a sorte de desfrutar da atenção e constante vigilância da amiga inseparável.

– Ah, querida Jeanne... seria tão bom se só precisássemos temer aquilo que somos capazes de ver... – respondeu Ermance, enxugando os olhos muito azuis, brilhantes de lágrimas não derramadas, na manga da camisola rendada.

Jeanne abraçou carinhosamente a amiga, a quem considerava como verdadeira irmã, depois, gentilmente arrumou seus travesseiros e realinhou suas cobertas.

– O médico recomendou que descansasse! Esses pesadelos são fruto dessa febre alta que a aflige. Você já foi medicada, mas é certo que o sono também é um ótimo remédio. Vou até a cozinha buscar uma xícara de chá, mas volto num minuto. Não se atreva a sair daí... – ela brincou.

Assim que sua jovem amiga fechou a porta, Ermance teve vontade de sair correndo atrás dela, e só não o fez porque suas pernas se recusaram a obedecê-la. Desde criança, ela odiava ficar sozinha...

A verdade é que estava se sentindo ainda pior do que antes da consulta médica. Ultimamente, algo em seu íntimo lhe dizia que estava doente da alma e não apenas do corpo. Talvez este fosse o motivo porque, ao longo de anos, nenhum daqueles ilustres homens da ciência tinha conseguido dizer com certeza qual era a causa da singular moléstia que a afligia. Tantas consultas, exames e investigações inúteis.

Ao final, o diagnóstico era sempre o mesmo: excessiva sensibilidade com predisposição à histeria. E o que seria isso, caro doutor? Nem eles sabiam explicar ao certo. O que estes sábios doutores tinham em mãos? Apenas teorias. De concreto, apenas um punhado de sintomas, um quadro de comportamento alterado comum a várias pessoas, o que de modo algum configuraria a descoberta de uma nova patologia.

No entanto, a realidade mostrava que, dali para frente, todo pobre paciente que se encaixasse, em maior ou menor grau, nesse quadro de sintomas seria irremediavelmente tachado de histérico.

Desde que podia se lembrar, Ermance tinha sido aterrorizada por terríveis pesadelos e pela inexplicável sensação de sentir e de ver coisas que ninguém mais via ou percebia.

Sentada na beirada da cama e embalada pelo hipnótico som da chuva que castigava o telhado, Ermance deixou-se levar pelas recordações de um tempo não muito distante:

"Os pesadelos sempre foram um problema em minha vida, mas, quando completei doze anos, pioraram muito. Lembro-me de certa noite em que sonhei que havia uma enorme aranha negra em minha cama e senti quando ela começou a andar lentamente por uma de minhas pernas. Fiquei tão paralisada pelo medo que não conseguia me mexer, nem mesmo para espantá-la. Acordei a casa inteira com meus gritos de pavor e, quando dei por mim, meus pais e vários criados se agitavam ao redor de minha cama tentando me acordar! Apesar da vergonha que passei com aquela situação, não conseguia me livrar da sensação de que havia um perigo real naquele quarto, à minha espreita, apenas aguardando a hora certa de atacar...

"Lembro que atormentei tanto minha ama que ela concordou em passar o quarto em revista, mas acho que o fez somente para me tranquilizar. Juntas, reviramos cada canto e cada fresta sem nada encontrar, até que Gabriele decidiu vistoriar um velho baú que jazia esquecido junto à parede do enorme quarto. Era ali que guardávamos as roupas velhas que seriam doadas à caridade, quase sempre na época do Natal. Assim que o abriu, ela soltou um grito de terror. Corri para acudi-la e só então descobri o motivo de seu medo: escorpiões negros haviam feito um ninho dentro do velho baú.

"Eureca! Eu podia ter errado a natureza do animal peçonhento, mas estava certa na intuição de que havia um perigo real escondido naquele quarto de aparência inofensiva. Também foi graças à língua comprida de Gabriele que essa história correu de boca em boca, cruzou as fronteiras de nossa propriedade e quase virou lenda em Fontainebleau. Contava-se que eu tinha 'adivinhado' que um grande perigo rondava minha casa.

"De repente, eu tinha virado alvo de todo tipo de comentário, o que me deixou ainda mais nervosa. Depois desse episódio infeliz, meus pesadelos pioraram muito e não havia uma única noite em que eu não acordasse aos prantos, apavorada por um terror qualquer. E quando todos acharam que a situação não poderia piorar, eu comecei a sofrer de sonambulismo e a andar pela casa completamente adormecida.

"O medo de que me acidentasse fez com que mamãe entregasse à pobre Gabriele a difícil tarefa de me proteger de tudo e de todos, além de vigiar para que eu jamais fosse acordada de forma abrupta.

"Imagino que isso foi a gota d'água na paciência de meu nobre pai, que, absolutamente contra minha vontade, decidiu que era chegada a hora de me fazer ver um médico e, de preferência, que fosse um renomado especialista. Recomendaram-lhe o doutor Cléver de Maldigny, uma figura de grande expressão social que pertencia à célebre Academia de Ciências de Paris.

"Mais tarde, nesse mesmo dia, como ninguém me deu a menor satisfação sobre as atividades do laureado doutor, decidi me esconder no gabinete de papai, na esperança de ouvi-lo discutir o assunto com mamãe. Minha perseverança não tardou a colher seus frutos e descobri que o referido doutor estava envolvido com a pesquisa de uma nova espécie de distúrbio nervoso. Este estudo recente afirmava que havia uma doença recém-descoberta que já fizera várias vítimas na América do Norte e, ao que parece, agora estava chegando à Europa.

"Confesso que ironicamente pensei que essa malfadada desordem teria que se espalhar pelo ar, porque somente assim ela poderia atravessar o oceano para ir se esconder num outro continente.

"Porém, nem mesmo meus piores pesadelos poderiam ter vislumbrado o absurdo que viria a seguir, e, atônita, ouvi papai repetindo as explicações do tal doutor. Segundo o médico, o estudo dos casos analisados demonstrava que a nefasta desordem mental fazia com que as pessoas 'contaminadas' pela síndrome volta e meia caíssem numa espécie de transe autoinduzido. À medida que o fenômeno se desenrolava, quase sempre os doentes começavam a produzir algum tipo de manifestação histérica e, seja através da fala ou mesmo da escrita, esses pacientes passavam a receber mensagens que, ao menos em tese, seriam enviadas do Além.

"– Mensagens enviadas pelas almas dos mortos? – mamãe perguntou.

"Papai apenas balançou a cabeça afirmativamente, o que bastava para indicar que ele não pretendia discutir a questão.

"– Meu esposo, está convicto de que esse médico é de confiança? – ela continuou.

"– Sim, querida, e, por favor, anote na sua agenda que a consulta está marcada para amanhã, às 14h00 – e, assim dizendo, deu o assunto por encerrado.

"No dia seguinte, mamãe fez a gentileza de me acompanhar na malfadada consulta, sendo que o doutor primeiro tratou de me examinar de alto a baixo, para depois iniciar um interrogatório com dezenas de perguntas inúteis que não teriam qualquer sentido num contexto minimamente lógico. Minha impressão era de que seus esforços estavam servindo apenas para me entediar até o limite de perder a santa paciência cristã.

"A certa altura desse marasmo, o bom doutor resolveu nos surpreender com a proposta de um estranho exercício: pediu que me sentasse diante de uma escrivaninha onde havia lápis e papel, depois me instruiu a escrever o que viesse à minha mente assim que ele autorizasse.

"Nessa hora, para minha mais completa surpresa, a assistente do doutor, *mademoiselle* Rosete, fez uma rápida oração, que encerrou com um pedido insólito:

"– Em nome de Deus, peço que venha até nossa presença um espírito de boa índole...

"Estava abismada com o absurdo da situação e pronta para me rebelar contra aquilo tudo, quando me lembrei da estranha conversa que ouvira entre meus pais na noite anterior. Tive um sobressalto: só naquela hora percebi que havia caído numa armadilha! Eu era uma pobre rata, apenas a próxima cobaia nos experimentos do arbitrário doutor!

"Observando melhor o ambiente, notei que havia uma intensa expectativa eletrizando o semblante das pessoas a minha volta. De súbito, achei a situação tão bizarra que por pouco não cai no riso. Justamente nessa hora, senti o olhar desaprovador de mamãe cutucando minhas costas, por isso, respirei fundo e decidi ser uma rata corajosa e bem comportada, disposta a colaborar com aquele teatro do absurdo.

"O doutor fez uma reverência com a cabeça calva que interpretei como um sinal para começar o experimento. Posso dizer que estava com a mente completamente vazia e absolutamente entediada, quando peguei o lápis com a destra e o pousei sobre a página em branco.

"Permaneci imóvel, convicta de que nada de excepcional aconteceria, já que eu não tinha a menor intenção de escrever naquela oportunidade.

"Porém, para minha completa surpresa, algo muito estranho aconteceu. Primeiro, senti um leve estremecimento na mão que empunhava o lápis, depois um absoluto amortecimento do braço. Confusa, abri a boca para reclamar, mas não consegui proferir nenhum som. Atônita, contemplei as palavras que minha mão ia depositando automaticamente sobre a página em branco, sem que eu tivesse qualquer participação intelectual no processo. Apavorada, percebi que minha mão era controlada pela vontade de outra pessoa! Ao compreender o fenômeno, uma enorme onda de medo me envolveu e imediatamente tive o impulso de acabar com aquilo! Reuni toda minha força de vontade e indignação para forçar a mão esquerda a agarrar a direita, que continuava querendo escrever a todo custo, e usei tanta violência no gesto que o lápis praticamente saiu voando!

"Por um momento não tive coragem para olhar a folha de papel que jazia a minha frente, mas em seguida fui vencida pela curiosidade e, mesmo tremendo de medo, li a mensagem que uma vontade alheia a minha havia registrado ali:

"– 'Minha risonha Ermance'..."

O ruído da porta sendo aberta tirou Ermance de seu devaneio. A jovem balançou a cabeça fortemente, agitando os longos cachos loiros que serviam de moldura ao rosto de boneca de porcelana, como se o gesto pudesse afastar a lembrança de dias tão confusos.

– Pensando na vida, suponho... – brincou Jeanne.

– Já faz tanto tempo... Como é possível que certas memórias ainda me aflijam tanto?

– Se fizer a gentileza de explicar sobre o que estamos falando, terei o maior prazer em participar... – disse Jeanne, nova-

O Cético | 25

mente brincando, enquanto conduzia delicadamente a amiga para perto da pequena mesa onde pretendia servir-lhe uma xícara do autêntico chá preto indiano.

– Estava me lembrando de como tudo isso começou... Você sabe... Os terríveis pesadelos, as consultas, o espinhoso caminho até a constatação de que os estranhos fenômenos eram causados pela mediunidade...

– Sério? Ainda pensa nisso depois de tanto tempo? Mesmo agora, depois dos livros publicados, quando é a autora reconhecida como a 'médium historiadora'?

Ermance corou e, por um instante, ficou bastante envergonhada.

– Tolinha! Não vê que estou brincando contigo! É natural que essas lembranças venham à tua mente, principalmente quando acorda assustada e confusa, vítima de um novo pesadelo! Uma coisa puxa a outra, imagino que seja como uma espécie de gatilho emocional... Além do mais, quando tudo isso começou, você não passava de uma garotinha de apenas doze anos! Não se trata de pouca coisa, não...

"Mas imagino que o melhor que se pode fazer é tentar ignorar as impressões ruins e procurar ver o lado positivo desses acontecimentos..." – concluiu Jeanne.

Em absoluto silêncio, Ermance sorveu um longo gole de sua xícara antes de falar novamente:

– Acho que não compreendo seu ponto de vista. Hoje carrego a pecha de médium, que certamente é considerado um termo depreciativo pela maioria das pessoas que conheço. Sem falar que fui praticamente excomungada pela religião na qual fui educada. Sou um pária, uma persona isolada de seu meio social. Sinto-me um pássaro sem ninho, desapegada de sua própria espécie...

– Acho melhor me sentar, porque esta conversa vai longe... – replicou Jeanne, puxando uma cadeira.

– Sou toda ouvidos, *mademoiselle*... – respondeu Ermance, exalando ironia.

26 | José Bento / Ada May

– Em primeiro lugar, quero que pense como sua vida poderia ser infinitamente pior do que na verdade é... Imagine qual poderia ter sido seu destino, caso sua mediunidade não tivesse sido descoberta, provando que os fenômenos que você produzia não eram fruto da loucura ou da histeria!

"Se você não tivesse a sorte de nascer no seio de uma família compreensiva e amorosa, progressista e com a mente aberta às novidades, hoje poderia estar entre a multidão de jovens sensíveis que engrossam as fileiras dos vários hospícios de Paris!"

Ermance ponderou por um longo minuto. Sem sombra de dúvida era uma felizarda. Ao longo dos anos, ouvira a história de várias jovens que tinham sido qualificadas como histéricas incuráveis e que acabaram encerradas no hospício pelas mesmas pessoas que deveriam cuidar delas.

– Tem razão. Prossiga, por favor...

Jeanne aproveitou a pausa para novamente encher de chá fumegante as belíssimas xícaras de porcelana chinesa da Companhia das Índias que enriqueciam as mesas da tradicional família Dufaux.

– Segundo, a descoberta de sua mediunidade pelo marquês de Mirville, estudioso do magnetismo e amigo pessoal de seu pai, finalmente trouxe alguma explicação para os pesadelos que a perturbavam há tanto tempo... Demonstrou-se que a mediunidade também era a responsável pelos tremores que lhe sacudiam o corpo contra sua vontade, sem falar no impulso incontrolável de falar o que não desejava, com uma entonação de voz que certamente não era a sua, e ao fenômeno de escrever compulsivamente, mesmo quando não desejava fazê-lo...

Sim. Com a graça de Deus, agora ela sabia que a mediunidade era a mãe de todos os estranhos fenômenos que se produziam à revelia de sua vontade, compreendendo um pouco tardiamente a abrangência do ponto de vista da amiga.

– Também imagine como sua vida poderia se tornar miserável, caso você recebesse a visita de um cruel marquês de Sade ou de um enlouquecido Torquemada, em vez de ter junto a si a presença sempre gentil e amorosa de alguém com a estatura moral de são Luiz, rei de França e santo pela igreja católica, como seu mentor e companheiro nas letras!

– Sim, é absolutamente verdade! – exclamou Ermance, surpresa com a obviedade desse reconhecimento.

– Sem falar que essa influência maravilhosa já deu belíssimos frutos, com a publicação de seus livros! Meu preferido continua sendo *A história de Joana D'arc, ditada por ela mesma* – lembrou Jeanne, referindo-se ao romance que Ermance escrevera aos catorze anos de idade e que fora publicado em 1855 pela Editora Meluu, de Paris.

– Sabe que sou uma autêntica admiradora do trabalho que essa bendita parceria, construída nas estrelas, é capaz de produzir. Mas, em contrapartida, preciso dizer que não concordo com essa história de 'pária da sociedade' ou de você se sentir como um 'pássaro fora do ninho'... Afinal de contas, não sou eu quem priva da intimidade do próprio imperador, além da amizade de ilustres cientistas e de artistas famosos... – arrematou a amiga.

– Penso que seu ponto de vista é muitíssimo mais otimista do que o meu, mas sou obrigada a reconhecer que você tem razão e que não tenho do que reclamar. Deus tem sido muito generoso comigo e meu comportamento é inaceitável. Obrigada por me fazer enxergar a realidade, amiga!

– Ótimo. Fico feliz com seu novo estado de ânimo! Agora, seja boazinha e coma um destes brioches que estão uma verdadeira delícia!

– Você só pode estar brincando! Se eu comer açúcar a esta hora da noite só voltarei a dormir no próximo ano! Prometo devorá-los todos, mas somente amanhã, ao desjejum. Por agora, ficarei apenas com esta chávena de chá.

Assim, as amigas compartilharam o chá em silêncio. Depois, Jeanne ajudou Ermance a deitar-se e a reacomodou em sua cama, como se ela ainda fosse sua garotinha. Ermance se deixava conduzir candidamente, porque no íntimo gostava de ser mimada pela amorosa companheira.

– Agora, faça uma prece e tente dormir em paz. Que Deus a proteja! Boa noite, minha querida – e Jeanne se despediu com um beijo em sua testa alva. Em seguida, saiu do quarto na ponta dos pés e fechou a porta atrás de si.

Obediente, Ermance bem que tentou dormir, mas os pensamentos aflitivos teimavam em voltar a sua mente. Infelizmente, era óbvio que o conhecimento adquirido não bastava para sufocar o medo que, vez por outra, ainda brotava em seu coração. Em vão tentou rezar para expulsar as imagens do terrível pesadelo que a assombrara naquela noite. Mesmo a contragosto, bastava que fechasse os olhos por um instante para rever a fisionomia do homem que a atormentara.

Era alguém terrivelmente alto, e a sobrecasaca negra que trajava ajudava a criar a ilusão de que fosse ainda mais longilíneo. A garota franzina fitava-o como se estivesse à sombra de um maciço rochoso, tão inalcançável quanto ameaçador.

No sonho ruim, ela se via numa sala ampla e bem iluminada, rodeada por uma porção de pessoas desconhecidas. De súbito, aquele homem de aparência gigantesca adentrava o recinto de supetão, num verdadeiro turbilhão de fúria incontida. Lembrava um louco que tivesse acabado de fugir do hospício, trazia o rosto crispado pela fúria e gritava impropérios e insultos a plenos pulmões:

– Ermance Dufaux! Você é uma fraude! Não me importa nenhum um pouco a influência nefasta que venha a exercer sobre as pessoas importantes deste país! Vou provar a todos que, apesar de seu irretocável *pedigree*, você não passa de uma farsante como tantos outros autointitulados médiuns! Leve o tempo que for preciso, mas juro pela minha honra que irei desmascará-la!

Quanta raiva havia naquele disparatado discurso! Intimamente, Ermance perguntava-se o que teria feito para merecer tamanha ira. E, pronta para novamente entregar-se ao desassossego, a jovem parou um instante, respirou fundo e refletiu:

"Jeanne tem razão! Isso não é importante, porque não é real! Foi apenas mais um pesadelo. Deve ser o espectro da febre a me pregar uma nova peça!"

Decidida a mudar de disposição, Ermance contrariou o conselho de sua amiga e abandonou o aconchego de sua cama para ir até a janela. Puxou a cortina para encarar a tormenta que lavava suas vidraças, encostou o rosto febril no vidro gelado e sentiu um calafrio percorrendo suas entranhas.

Apesar de parecer loucura, Ermance sabia que não estava sozinha naquele momento. Isso porque, fosse boa ou ruim, a verdade é que sempre havia uma presença ao seu lado. Sempre.

3

A tempestade ainda castigava Paris, quando Arthur finalmente chegou, desceu da carruagem e entrou correndo no palacete. Infelizmente, não rápido o bastante para evitar que seu terno de *tweed* ficasse completamente encharcado, tal era o volume de água que os céus despejavam sobre a cidade naquela noite desagradável.

Somente quando estava em seu quarto, aquecido pelo calor da lareira e enrolado em seu roupão preferido, foi que Arthur reparou na indefectível bandeja com a correspondência que Alfred certamente deixara sobre a escrivaninha quando viera acender o fogo. Seu olhar foi imediatamente atraído por um envelope champanhe, cujo lacre de cera vermelha ostentava orgulhosamente um brasão pertencente à nobreza britânica:

– *Lady* Sutherland – ele murmurou o prestigiado nome da remetente e quase deixou cair o charuto que mantinha preso no canto da boca carnuda.

Soprou um anel de fumaça no ar, grande o bastante para enlaçar a carta e, enquanto observava o desvanecimento de sua etérea obra, tentou captar o verdadeiro motivo da hesitação em abri-la de uma vez por todas. Por fim, sua mente ágil acabou encontrando a resposta nos escaninhos de sua memória privilegiada.

De súbito, lembrou-se de ter recebido outra carta cujo conteúdo certamente o precipitara na longa série de desventuras em que sua vida havia mergulhado desde que a tivera em mãos.

"Preciso encontrá-la! Será a memória tão ardilosa a ponto de me pregar uma peça? Será que definitivamente perdi a trilha da razão? Ou estarei também ficando louco, de tanto perseguir lunáticos e suas quimeras?"

Uma urgência sem tamanho tomou conta de sua mente e, quase em pânico, Arthur percebeu que, se não encontrasse e lesse essa primeira carta, não conseguiria pensar em mais nada. Correu para o escritório, decidido a vasculhar cada gaveta e cada pasta até encontrá-la. Porém, graças ao perfeccionismo com que organizava todas as áreas de sua vida, não foi difícil para o advogado localizar seu paradeiro.

– Aí está, sua danada! Sabia que a acharia ou enlouqueceria tentando...

> *Londres, 10 de Abril de 1854.*
> *Caro Arthur,*
> *Espero encontrá-lo em boas condições físicas e mentais e, principalmente, com tempo disponível para se ocupar com os petitórios deste seu humilde amigo.*
> *Acredite-me, juro que não pediria que se envolvesse num assunto tão espinhoso, se não acreditasse que é a única pessoa no planeta que pode lançar alguma luz sobre a bizarrice deste caso! Digo mais, se você não puder fazê-lo, aposto meu diploma de médico que ninguém mais será capaz de elucidar uma trama tão maquiavélica.*
> *Também é válido lembrar que a dama que agora precisa de nosso auxílio é lady Beatrice Sutherland, viúva de lord Alexander Sutherland, que, se não me falha a memória, foi um grande amigo de seu pai. Imagino que não será necessário nenhum esforço de sua hercúlea memória para que se lembre do nobre casal. Até porque eles eram assíduos frequentadores das concorridas caçadas*

que seu pai costumava organizar em sua propriedade em Hampshire.

Por um fugaz instante, Arthur sentiu o cheiro da grama molhada. Cruzou sua mente a lembrança da agitação dos cavalos e do barulho ensurdecedor produzido pelos latidos da matilha, completamente enlouquecida pelo cheiro de sangue com que a raposa ferida ia salpicando as trilhas enlameadas, numa fuga tresloucada e inútil. O garoto que ainda havia nele sempre odiara essas caçadas e seu pai sabia muito bem disso, mas obrigava o filho a participar mesmo assim, com a justificativa de que se tratava de uma inescapável tradição familiar.

– Tradição encerrada, caro pai. Sinto muito... – Arthur murmurou para si, desta vez voltando a atenção para a leitura da carta do amigo médico:

Antes de qualquer coisa, deixe-me explicar o caso para que entenda a gravidade da situação em que me encontro. Imagino que também se lembre de que o casal tinha um único filho, de nome John. Uma lamentável coincidência do destino fez com que eu viesse a reencontrar lady Sutherland numa terrível circunstância.

Na época, eu ainda lecionava medicina em Oxford e John era meu aluno na turma de anatomia, aliás, um esplêndido aluno. Lembro-me muito bem dele, um rapaz tímido e franzino, nada esportivo e que, por pura ingenuidade, acabou metido numa bela enrascada.

Bem mais tarde, alguém me contaria que foi por causa de uma aposta idiota, feita com algum outro aluno mais idiota ainda, que John aceitou participar de uma corrida a cavalo valendo honra e dinheiro. A essa altura você certamente já deduziu quem perdeu tal corrida...

O fato é que, infelizmente, o jovem John caiu de sua sela, mas ficou com o pé preso ao estribo, o que o impediu de se desvencilhar do bicho em sua desabalada correria. O pobre rapaz acabou arrastado por um bom trecho da estrada de terra, antes que os idiotas que estavam assistindo a malfadada corrida conseguissem deter o animal desgovernado.

Fui chamado às pressas para socorrê-lo, mas não havia mais nada que pusesse ser feito para salvar sua vida. Verifiquei que a queda havia provocado uma extensa fratura que literalmente rachou seu crânio ao meio. Como, além de médico, também sou um cavalheiro, decidi ir pessoalmente dar a terrível notícia de sua morte à pobre mãe. Não preciso dizer que lady Sutherland ficou devastada com essa segunda e irreparável perda familiar.

Depois disso, em função do absoluto descontrole físico e emocional que se abateu sobre a solitária dama, passei a atendê-la regularmente como médico, mas sobretudo como amigo, para ajudá-la a vencer o demônio invisível da depressão.

Alguns meses se passaram e ela finalmente parecia estar se conformando com a perda prematura do filho, quando uma amiga, madame Bismarck, trouxe uma notícia bizarra. Tal amiga havia sido convidada para um jantar de gala na residência oficial do embaixador francês, onde assistira à performance de um jovem inglês chamado Georges Smith, que afirmava ter o poder de mover objetos e girar mesas, mas, principalmente, falar com a alma de pessoas mortas.

Parece que incentivar esse tipo de reunião dita 'espiritualista' virou moda junto à alta classe europeia, principalmente entre as damas da nobreza, que têm se dedicado a assisti-las e promovê-las em seus círculos sociais. É uma verdadeira febre e, ainda outro dia, vi uma gravura publicada no Times justamente fazendo pilhéria de uma reunião desse tipo. Lembro que a legenda dizia que a música

O Cético | 35

tocada no evento devia ser de ótima qualidade, porque até mesmo o mobiliário saíra dançando pela sala!

Desculpe se me perco em divagações desnecessárias, de qualquer forma esse mágico, prestidigitador, médium ou coisa que o valha procurou por madame Bismark depois da apresentação e, chamando-a para uma conversa particular, pediu-lhe que desse um recado à sua amiga, lady Sutherland:

– Diga à nobre senhora que seu filho John deseja falar-lhe por meu intermédio...

Avalie o tamanho do estrago emocional que esse episódio causou na pobre viúva. Você deve estar pensando que já sabe o fim dessa história, mas asseguro que irei surpreendê-lo.

Prosseguindo: é obvio que a pobre mãe não resistiu à tentação que essa possibilidade acenava e mandou procurar Georges. Também é óbvio que a infeliz senhora caiu em sua lábia de charlatão contumaz. O que ninguém imaginava é que o sujeito seria um espertalhão de primeira grandeza, à caça de facilidades que somente senhoras ricas e carentes poderiam lhe proporcionar.

Imagine que o biltre passou a conviver cada vez mais com a solitária senhora, até conseguir convencê-la de que seria capaz de receber mensagens de seu amado filho falecido.

Parece que a farsa armada pelo oportunista progrediu a tal ponto que, num curto espaço de tempo, ele obteve a autorização de lady Sutherland para se mudar para a mansão, onde vem sendo tratado como se fosse o próprio John Sutherland redivivo.

Foi assim que, num dia em que fui atendê-la por conta de uma crise de artrite, tive o desprazer de conhecer o biltre, que sequer tentou disfarçar sua arrogância. A criada de lady Sutherland me contou que ele é dócil e gentil na frente da patroa, mas que destrata os empregados quando *ela não está presente. A jovem também reparou que vários objetos de valor estão 'desaparecendo' misteriosamente da mansão. A criadagem anda apavorada com a possibilidade de ser acusada desses 'desaparecimentos' quando a patroa voltar a andar normalmente pela mansão e finalmente notar a falta de seus ricos objetos.*

Querendo saber mais sobre o que se passava por lá, achei que seria útil permanecer na companhia de lady Sutherland um pouco mais e me convidei para o chá da tarde. Lá pelo meio da conversa, ela inocentemente comentou que estava muito feliz, porque em breve teria um filho em casa novamente. Diante de meu ar de desconcertado espanto, ela contou que algo maravilhoso havia acontecido em sua vida. Na noite anterior, seu apadrinhado Georges tinha convidado para jantar dois amigos que ele chama de 'especiais'. Depois da sobremesa, Georges perguntou a lady Sutherland se ela não gostaria que ele e os amigos unissem suas potencialidades mediúnicas para fazer uma reunião espiritual especial, cuja energia acumulada poderia gerar fenômenos bem mais poderosos do que os usuais. É óbvio que ela concordou sem pestanejar e, pelo que parece, tampouco ficou decepcionada com os incríveis resultados! Juntos, eles haviam conseguido mover os móveis pela sala usando apenas a força de suas mentes, e também haviam pedido a presença das forças espirituais superiores que tinham se manifestado através de 'espectros flutuantes' que haviam dançado pela sala!

E, como não poderia ser diferente(!), é obvio que a melhor parte da performance foi reservada para o grande final, com Georges recebendo a visita do espírito de John... Emocionada, a pobre senhora me contou que conversou com o filho longamente, aliás, como tem feito sempre, desde que Georges apareceu. Porém, desta vez seu filho tinha um pedido a fazer! Eis o que ele disse pela boca do médium:

O Cético | 37

– Mamãe, desejo que adote Georges como seu filho do coração diante de Deus, mas também diante da lei dos homens, para que ele possa ser seu guardião na Terra e cuidar da senhora na velhice como eu não posso mais fazer... Dessa forma, ficaremos unidos para sempre!

Confesso que fiquei surpreso com o topete desse canalha! É preciso que lhe tiremos o chapéu por sua audácia, já que agora lady Sutherland está a um passo de adotá-lo, o que transformará um reles ilusionista no mais novo milionário da Europa. Posso até ver as manchetes nos jornais: "Jovem desconhecido é o novo proprietário da Sutherland e Stevenson, a segunda maior firma bancária da city de Londres, cuja sede fica à Threadneedle street!"

Só Deus sabe que tipo de destino estará à espera de lady Sutherland se essa fatalidade se confirmar!

Pronto. É por isso que preciso de sua ajuda, meu bom amigo. Minha consciência me impede de abandonar lady Sutherland à sua própria má sorte, mas não disponho de argumentos que possam demovê-la da decisão de adotá-lo, justamente porque ela acredita piamente que o espírito de seu amado filho se manifesta por intermédio desse ilusionista fanfarrão.

Sim, eu sei o que deve estar pensando... Sendo o caso tão grave, como podemos ajudá-la? É simples, é preciso que esse embusteiro seja desmascarado o quanto antes! Infelizmente para sua paz e comodidade, só consigo pensar em você para dar cabo dessa titânica tarefa!

Aguardo ansiosamente sua resposta, juntamente com um plano de ação, é claro. No futuro, tenho certeza de que Deus há de se lembrar dessa boa ação, quando sua pobre alma estiver às portas do inferno clamando por misericórdia. É brincadeira...

Estou fora da cidade, vim visitar um cliente em Essex e, por isso, fui obrigado a escrever esta longa missiva, em vez de simplesmente ir ao seu encontro. Suponho *que devo estar de volta à Londres em, mais ou menos, quatro horas...*

Veja bem, são cerca de trinta e duas milhas a percorrer num veículo dos correios a cerca de... Qual será a velocidade que esses pangarés conseguirão atingir cavalgando por essas enlameadas estradinhas do interior? Tenho certeza de que você fará esse cálculo entre duas piscadelas! E espero sinceramente contar com o tempo a nosso favor para que possamos salvar nossa amiga das garras desse necromante...

Até breve, caro amigo e investigador!

Dr. Edward Watson

A leitura da carta despertara em Arthur C. Davenport uma nova leva de recordações desagradáveis. Sim, agora se lembrava de que fora esse pedido em particular que colocara em movimento as engrenagens da máquina de fazer doidos em que inadvertidamente se metera.

O grande problema é que Watson nunca lhe pedia absolutamente nada, ao passo que ele devia mil favores ao fiel amigo, que, por sua vez, jamais o desapontara nas incontáveis oportunidades a que fora chamado ajudar.

Na verdade, Arthur nunca se esquecia de que vivia em dívida para com o amigo. Incomodava-o, sobretudo, uma ocasião em que pedira a ajuda de Watson para desvendar um caso de roubo de obras de arte, numa investigação para a Scotland Yard.

Nessa oportunidade, Arthur C. Davenport colheu uma série de pistas deixadas pelo ladrão na cena do crime, no caso, uma famosa galeria em Hyde *Park*. Depois de uma longa noite de insônia, Arthur concluiu que obviamente o esconderijo do meliante só poderia estar localizado na zona portuária de Londres.

Quando Watson pediu maiores detalhes sobre o caso, o investigador teve o maior prazer em explicar como solucionara o enigma: as pegadas das botas deixadas pelo ladrão por toda a galeria continham restos de um tipo de limo bastante peculiar, cujo *habitat* natural são as pedras úmidas do cais do porto. Outro aspecto crucial a ser levado em conta, era que um ladrão experiente saberia de antemão que a polícia iria persegui-lo infatigavelmente pelas ruas da *city* e provavelmente também colocaria postos de vigilância nos acessos às estradas próximas de Londres. Esse fato, ligado às pegadas repletas de musgo, indicavam claramente que o gatuno pretendia fugir por mar, o que evidentemente o livraria de dar de cara com a polícia, que esperava capturá-lo em terra firme.

De posse dessas informações, Arthur convidou Watson a acompanhá-lo até o cais, onde teriam a difícil tarefa de encontrar novas pistas que finalmente os levassem até o esconderijo do meliante.

– Caro Arthur, é certo que irei contigo, mas permita-me observar que o cais de Londres é imenso... Isso será o mesmo que encontrar uma agulha num palheiro.

– Hum... Concordo, Watson. Mas lembre-se de que, às vezes, até mesmo o melhor dos investigadores também precisa contar com os favores da sorte!

Naquela noite os amigos partiram em direção ao cais com a árdua missão de encontrar sua agulha. Deram com uma imensidão de galpões e ruas repletas de minúsculas casas assobradadas que, se não fossem geminadas dos dois lados, certamente já teriam ruído, tamanha era a decrepitude do bairro.

Davenport e Watson andaram a esmo por uma série de ruelas desertas com a visão restrita a apenas alguns palmos adiante do nariz, por causa da densa nuvem de neblina que vinha do mar em direção ao continente.

"O canalha escolheu o esconderijo perfeito! Jamais o encontraremos neste amontoado de lixo!" – pensava Watson tomado pelo desânimo, enquanto caminhava colado aos calcanhares do amigo investigador, tentando não se perder em meio às famosas brumas londrinas.

– Ali. Vê a fina coluna de fumaça que sai pela chaminé daquele sobrado? Já verifiquei e tenho certeza de que toda esta quadra está abandonada, mas aquela fumaça indica que há alguém ali... – Arthur disse ao amigo, que imediatamente olhou para a direção apontada, porém não viu absolutamente nada além do céu cor de chumbo.

– Temos que entrar lá. Eu vou por trás, galgando o telhado... – disse Arthur, apontando o dedo esquelético para a decrépita escada de incêndio que pertencia a um galpão em frente.

– Enquanto isso, você irá bater na porta do sobrado para distrair a atenção de quem quer que apareça a fim de que eu tenha tempo de dar uma boa olhada lá dentro...

Watson sequer teve tempo para perguntar o que deveria dizer e Arthur já tinha desaparecido na densa camada de neblina que envolvia a noite. Sem alternativa, o médico andou até o sobrado, bateu na porta e esperou. Nada. Apurou os ouvidos, mas não foi capaz de ouvir nenhum ruído vindo lá de dentro. Antes de bater novamente, resolveu testar a maçaneta e, para sua inteira surpresa, descobriu que a porta estava destrancada! Por causa desse singelo detalhe, ele concluiu que não devia haver ninguém em casa e resolveu entrar para se encontrar com Arthur.

A casa estava imersa na mais absoluta escuridão e Watson tateava às cegas pela sala, tentando imaginar onde andaria o amigo e como iria encontrá-lo naquele breu. De repente, Watson tropeçou nos pés de um móvel qualquer e caiu no chão com um verdadeiro estrondo! Nesse instante houve uma grande confusão quando um homem tão corpulento quanto um urso avançou em sua direção aos berros de "Malditos ratos irlandeses! Vou matá-los!"

Rápido como um rato de verdade, Watson mergulhou de barriga, rente ao chão, escapando por um triz do abraço do enceguecido homem-urso. Na mesma hora, ouviu-se uma retumbante voz de comando ecoando pela sala:

– Você está preso! É melhor se render!

Tendo ouvido a voz de prisão, o criminoso enfurecido por ter sido pego com a boca na botija, sacou um Colt 45 e começou a atirar para todos os lados! Decidido a desarmá-lo, Arthur,

O Cético | 41

que tinha se escondido atrás de uma pilastra no alto da escada do sobrado, saltou e caiu em cima do bandido, usando o peso do próprio corpo para levá-lo a nocaute.

Só depois de já ter algemado o homem desacordado foi que Arthur percebeu que Watson tinha sido atingido por um dos vários disparos da arma de fogo! Graças à deusa Fortuna, o tiro atingiu o braço do amigo apenas de raspão, mas, mesmo assim, o incidente os obrigou a fazer uma rápida passagem pelo hospital, onde Watson recebeu um curativo e foi aconselhado a ir para casa a fim de descansar.

Foi assim que, contrariando as ordens médicas, os dois inseparáveis amigos terminaram o dia proseando numa mesa de bar e comemorando com uísque de ótima qualidade a dupla dose de sorte que haviam tido naquela inusitada aventura.

Portanto, um extenso histórico de favores tão generosamente concedidos deixava claro que qualquer pedido de Watson, por mais extravagante que fosse, seria o mesmo que uma ordem marcial.

Por tudo isso, mal terminou de ler a intrigante carta, Arthur tratou de agrupar seu tinteiro, penas e mata-borrão na escrivaninha e, sem perder nenhum segundo, passou a delinear um plano de ação que livrasse a solitária viúva do canalha oportunista que se fazia passar por espiritualista.

Assim que retornou de Essex, passadas exatas duas horas e quarenta e cinco minutos, como o cálculo de Arthur previra, Watson dirigiu-se à mansão londrina onde era ansiosamente aguardado.

Somente depois que Alfred prestou seus inestimáveis serviços à Watson, ajudando-o a recuperar-se da exaustiva viagem, foi que Arthur conseguiu explicar o plano que elaborara. Enviaria imediatamente um mensageiro à *lady* Sutherland com um inocente convite para o chá naquela mesma tarde. E para garantir que o convite seria irrecusável, Arthur anexou um recado de próprio punho com a irresistível informação de que o catálogo da famosa coleção Champollion, assim batizada por seu pai em homenagem ao famoso pesquisador e linguista Jean-

42 | JOSÉ BENTO / ADA MAY

-François Champollion, que desvendara os hieróglifos egípcios, finalmente estava pronto. Também fez questão de mencionar que desejava que ela o visse em primeira mão, antes mesmo do curador do museu do Louvre, Auguste Mariette, que planejava uma exposição para breve.

Lady Sutherland e seu falecido marido eram grandes estudiosos de egiptologia e, assim como seu pai, Willian Davenport, haviam viajado pelo mundo inteiro atrás de artefatos egípcios que pudessem adicionar às suas respectivas coleções. Era público e notório que madame nutria o maior orgulho de sua extraordinária coleção, que chamava carinhosamente de "O tesouro de Ísis", em homenagem à deusa, em relação à qual possuía inúmeras peças.

– Eis um aperitivo digno de um rei, ou melhor, de uma rainha! – ironizou Watson, certo do sucesso de um estratagema tão bem elaborado.

Comprovando a hipótese do astuto doutor, *lady* Sutherland confirmou o convite na mesma hora, com o prático expediente de reenviar o mensageiro.

– Sorte a nossa, *lady* Sutherland ser tão fanática por arte egípcia! – tornara o médico, observando que a dama aceitara quebrar uma engessada regra de etiqueta inglesa, que considerava inconcebível a um membro da aristocracia aceitar um convite feito com tão indecorosa falta de antecedência.

Assim, naquela mesma tarde, *lady* Sutherland compareceu pontualmente para o chá, onde a conversação relembrou os velhos tempos, depois passou para a egiptologia e a futura exposição no Louvre. Até que Arthur levou a conversa para o lado pessoal e *lady* Sutherland, sendo excessivamente solitária e emotiva, não resistiu à oportunidade de fazer algumas confidências. Sem perceber que estava sendo habilmente direcionada pelos companheiros, ela acabou confessando sua intenção de adotar Georges, o jovem espiritualista que era hóspede em sua casa há vários meses e que afirmava receber mensagens vindas de seu falecido filho, John Sutherland.

O Cético | 43

Imediatamente, Arthur lembrou-se das várias reuniões públicas, chamadas de espiritualistas, a que assistira, mas que na verdade não passavam de espetáculos histriônicos, em que ilusionistas e charlatões metidos em cabines previamente preparadas tentavam ludibriar plateias que estavam por demais alcoolizadas ou desatentas para notar a enganação do espetáculo. Disfarçadamente, Arthur encheu novamente a xícara meio vazia do médico, dando o sinal para que ele lançasse sua isca:

– Como a senhora deve se lembrar, nosso caro Arthur é um exímio advogado. Não acha que seria útil fazê-lo conhecer as exigências de seu falecido filho para que seja possível redigirmos um testamento que realmente expresse sua vontade? – sugeriu o médico, inocentemente.

– Mas como faríamos isso? – perguntou a nobre dama, pega de surpresa com a ideia.

– Simples. Basta que a senhora peça à Georges que faça uma reunião evocando o espírito de John a fim de que possamos anotar detalhadamente suas disposições com relação ao seu futuro... – respondeu Arthur à queima-roupa, pegando a senhora completamente desprevenida.

– É uma ideia soberba! Vocês têm toda razão! Que admirável é a mente masculina, sempre tão prática! Devemos providenciar isso o mais rápido possível...

Com um leve pigarrear, Arthur chamou a atenção para sua pessoa:

– *Lady* Sutherland, confesso que sofro de uma terrível curiosidade com relação a todo tipo de reunião espiritualista e ouvi dizer que seu pupilo, Georges, tem amigos dotados de grande energia magnética, capazes de produzir prodígios... Se a senhora me permitir um capricho, gostaria de pedir que os incluísse em nossa reunião para que pudéssemos presenciar tais maravilhas... – Arthur comentou com displicência, disfarçando suas verdadeiras intenções.

– Não se trata de capricho algum! Sua curiosidade é bastante compreensível. Eu mesma não me canso de testemunhar tais

44 | José Bento / Ada May

fenômenos. Faremos uma reunião completa. Pedirei a Georges que traga seus dois amigos especiais, Paul e Trevis, porque, quando são magnetizados em conjunto, costumam produzir aqueles tão famosos fenômenos do mundo extrafísico...

– Vejo que a senhora já é praticamente uma especialista no assunto... – brincou Arthur, e a venerável dama sorriu, nitidamente envaidecida. Dessa forma, agendaram para aquela mesma semana a reunião que mudaria suas vidas para sempre.

Arthur encheu o ar com uma nova série de anéis de fumaça azulada, vendo passear entre eles as lembranças que fulguravam como a luz de estrelas há muito tempo falecidas, mas que ainda viviam no firmamento de suas memórias.

Os dias haviam passado no calendário, mas, ao mesmo tempo, Arthur tinha a nítida impressão de que a infame reunião, que inadvertidamente mudara os rumos de sua vida, acabara de acontecer, tamanha era a nitidez com que a recordava. Tais lembranças ainda tinham o poder de fazer seu coração arder de indignação e revolta.

"Mesmo se vivesse mil anos, jamais esqueceria" – pensava.

Acendeu um novo charuto, usou o atiçador para avivar as achas de lenha que ainda ardiam na lareira, serviu-se de uma generosa dose de conhaque e sentou-se novamente na poltrona diante do fogo, pronto a prosseguir com o autoflagelo que as dolorosas recordações lhe impunham.

Afinal, eram lembranças de uma época triste, uma das piores de sua vida. Fazia apenas dois meses que seu pai havia falecido e, completamente sozinho aos vinte e cinco anos, Arthur tentava fechar as profundas feridas que essa ausência definitiva produzira em sua alma.

Seu pai, Willian Davenport, sempre fora seu porto seguro e, apesar da diferença de temperamentos e personalidades, sempre fora seu maior e mais querido amigo. Juntos, eles haviam lidado com a perda precoce de Elizabeth Davenport, esposa e mãe amantíssima. Unidos, haviam aprendido a lidar com suas imensas diferenças, trabalhando para descobrir e ampliar qual-

O Cético | 45

quer possível semelhança. Assim, a poder de lágrimas e sorrisos arduamente conquistados, haviam construído uma relação de amizade inquebrantável, onde o amor paulatinamente fizera sua irredutível morada.

Novamente era o inseparável amigo Watson quem oferecia o ombro amigo e secava suas lágrimas, nunca despudoradamente derramadas. Ele mantinha o moral do companheiro em contínua elevação, ocupando-o com problemas práticos ou existenciais, sempre pedindo ajuda para as muitas pessoas a quem socorria cotidianamente em seu sacerdócio de médico dos menos favorecidos. Watson agia dessa forma justamente porque conhecia a alma do jovem advogado e investigador, que também gostava de ajudar as pessoas e que sentia imenso prazer em resolver mistérios. As qualidades de um se sobrepunham aos defeitos do outro e, juntos, eles formavam uma dupla imbatível.

Assim, na noite marcada para a misteriosa reunião espiritualista, Arthur pediu ao cocheiro que parasse primeiro na Baker *street*, onde Watson ocupava um modesto apartamento. E às vinte horas em ponto eles bateram às portas do palacete de *lady* Sutherland, onde eram ansiosamente aguardados pela anfitriã.

O investigador que vivia em Arthur tinha especial interesse sobre o futuro filho adotivo da nobre dama inglesa. Ao encontrar Georges pela primeira vez, sentiu uma onda de antipatia recíproca pairando entre eles. O jovem a sua frente aparentava ter vinte e poucos anos, talvez um pouco menos. Estava vestido num estilo sóbrio, mas obviamente caro; trajava uma sobrecasaca preta, calças cinza-escuras de caimento perfeito e polainas castanhas cobrindo os impecáveis sapatos italianos. Um detalhe sutil, mas que traía a extravagância de seu caráter, era o pequeno broche de rubis e diamantes, no formato de um trevo da sorte, que prendia o nó de sua gravata de seda: "Com certeza, isso foi um presente de *lady* Beatrice Sutherland", pensou o experiente investigador.

46 | José Bento / Ada May

Depois de feitas as devidas apresentações e de finalizados os rapapés sociais, *lady* Sutherland anunciou que a sala onde a reunião iria acontecer já estava devidamente preparada e pediu aos cavalheiros que a acompanhassem.

É óbvio que Davenport e Watson teriam ficado surpresos se a sala não tivesse sido previamente arranjada, jamais o contrário. Assim que entraram no recinto, Arthur notou que os amigos especiais de Georges, Paul e Trevis, já ocupavam seus respectivos lugares em torno da mesa e que diante das cadeiras restantes havia um diminuto cartão que especificava com uma elegante caligrafia o nome de cada um dos participantes da reunião. Tal constatação provocou uma profunda ruga de expressão que se instalou definitivamente no meio da testa de Arthur.

Watson, por sua vez, reparou que a diferença entre a aparência de Georges e seus amigos era gritante, mesmo para o mais desatento observador. À aura de afetação e nobreza de Georges, se contrapunham o aspecto humilde de seus trajes e a atitude extremamente contida de Paul e Trevis.

Arthur continuou sua atenta análise do ambiente e imediatamente notou que alguns dos móveis haviam sido movidos de sua localização original, sendo que uma horrível cortina improvisada feita de um tecido grosso e escuro havia sido presa à parede. Por coincidência, era justamente a parede que ficava na frente de uma grande janela que se abria para o jardim.

– Perdoem o aspecto desfavorável dessa cortina, senhores! Garanto que ela não faz parte da minha decoração, mas, sem nenhum prévio aviso, Georges me informou que qualquer excesso de claridade poderia dissipar as energias magnéticas que contribuem para a formação dos fenômenos... Enfim, sacrificamos a beleza do ambiente em nome da correção do experimento científico! – explicou *lady* Sutherland, sem rodeios.

Arthur ergueu uma sobrancelha, lançando um olhar inquiridor à Georges, Paul e Trevis. Quem sabe não estaria querendo lembrar aos distintos cavalheiros que já passava das oito horas da noite... Logo, que tipo de claridade poderia entrar pela referida janela? Mistério...

– Quisemos evitar algum foco de luz extra, que viesse de um poste no jardim ou coisa que o valha... – Georges disse rapidamente, lendo sua fisionomia. E, antes que qualquer outro comentário surgisse, ele informou:

– Sentemo-nos, caros amigos, que nossa reunião tem hora certa para começar!

"Tudo muito conveniente" – pensou Arthur, desgostoso, porém, nada surpreso com o trotar da carruagem conduzida por *mr.* Georges naquela noite.

Assim que todos ocuparam seus respectivos lugares, Georges apagou todas as luzes, exceto a de um pequeno castiçal que permaneceu aceso no centro da grande mesa, mergulhando a sala na penumbra.

– Peço a Deus, todo poderoso, que nos permita trazer do mundo dos mortos a alma de John Sutherland, o filho bem-amado de *lady* Sutherland... – e, de olhos cerrados, Georges fez sua breve evocação.

Subitamente, vindo de lugar nenhum, o som de uma sineta repercutiu pela sala, cortando o silêncio da noite.

– Boa noite, querida mamãe! Vejo que hoje temos a companhia de nossos queridos amigos! – Georges disse com uma voz estranha, fina e anasalada. Arthur encarou a obscuridade e, muito contrariado, constatou que era impossível observar-lhe as feições.

– Imagino que a senhora informou aos cavalheiros quais são minhas disposições para o testamento, mas, como é de sua vontade, irei repeti-las para que o nosso querido amigo Arthur, aqui presente nesta bendita ocasião, possa anotá-las corretamente!

Georges continuou falando sem parar e Arthur, subitamente reduzido à condição de secretário daquela suposta voz de além-túmulo, anotou diligentemente cada palavra à medida que ia sendo ditada. Quando o espírito de John terminou de falar pela boca de Georges e finalmente se despediu de todos os presentes, uma lamentosa *lady* Sutherland começou a chorar baixinho.

De repente, um vulto branco apareceu do nada e esvoaçou ligeiro pela mesa, pairando um pouco acima da cabeça dos presentes e provocando um imenso alvoroço, à exceção de Arthur, que estava pronto para enfrentar qualquer eventualidade, viesse deste ou de outro mundo.

– Por Deus, Georges! O que é isso? – perguntou *lady* Sutherland, com a voz tomada pelo pânico.

– Parece que temos o prazer de receber outra importante visita nesta noite abençoada! – anunciou Georges.

– Quem está aqui? – a dama perguntou.

– É *sir* William Davenport, que veio reencontrar o filho adorado...

Imediatamente, Arthur sentiu um ligeiro estremecimento percorrendo sua espinha: "Como esse miserável se atreve!"

– Oh, meu Deus! Mas que maravilhosa surpresa! Georges, pergunte ao nosso querido William o que ele deseja?

– *Sir* William diz que foi a presença do filho tão amado que o atraiu para cá nesta noite...

Porém, antes que Georges pudesse continuar com sua intermediação, foi deselegantemente interrompido por Arthur, que disse à queima-roupa:

– Pergunte ao meu pai se ele imagina que eu sinta saudades de suas caçadas...

Georges titubeou apenas por um segundo, antes de responder:

– *Sir* William Davenport manda dizer que nunca se esqueceu de como vocês se divertiam caçando! De ver a felicidade estampada em seu rosto quando a presa era finalmente abatida! Do orgulho que sentia dos troféus que vocês conquistaram juntos e da glória que...

Porém, antes que Georges pudesse continuar com seu solilóquio, Arthur C. Davenport perdeu a paciência por completo. Avançou em sua direção e com a mão direita arrancou-o da cadeira com um repelão, arremessando-o para o meio da sala, enquanto usava a mão esquerda para puxar da parede a tal cortina improvisada. Paul e Trevis permaneceram em seus lugares, petrificados diante da violenta e absolutamente inesperada reação do advogado.

Arthur ignorou os outros dois homens, contornou suas cadeiras, abaixou-se e, triunfante, recolheu os troféus que encontrou espalhados pelo chão, bem debaixo de seus assentos e próximos a seus pés.

O investigador colocou sobre a mesa, diante da verdadeiramente assombrada *lady* Sutherland, uma sineta de mão e um grande retalho de um tecido muito fino, uma espécie de gaze branca. De cada um deles pendia um emaranhado de fios de seda, praticamente invisíveis naquela obscuridade.

– Paul! Trevis! O que isso significa? Por que vocês estão usando desses estratagemas artificiais? Que terá sido feito da força magnética de vocês? – Georges ainda teve a presença de espírito de perguntar, na tentativa de responsabilizar os próprios amigos pela farsa que estavam encenando naquela noite.

– Faço questão absoluta de explicar-lhe a deselegância de minha atitude, mi*lady*! – Arthur, literalmente espumando de raiva, cortou-lhe a palavra, ignorando as lamúrias do jovem charlatão.

– Muito embora nosso caro Georges esteja tentando esquivar-se à sua responsabilidade e participação no ocorrido, garanto que ele é o mentor desta farsa! Watson, por favor... – e, ao seu pedido, o médico tratou de acender os vários candelabros que jaziam pela sala, que prontamente se iluminou, tornando evidente que havia algo de errado no recinto.

Arthur apanhou no chão um emaranhado de fios quase transparentes que jaziam displicentemente abandonados e, munido de toda a paciência do mundo, começou a desembaraçá-los. Em seguida, tratou de esticá-los para comprovar que os fios tinham exatamente a medida necessária para alcançar o lado da mesa em que estavam sentados Paul e Trevis. E, justo nessa hora, Watson encontrou outro pedaço de fio que seguia suspenso pelo ar, acima das cabeças dos presentes, percorrendo toda a extensão da mesa e terminando coincidentemente próximo da cadeira usada por Trevis.

– Por acaso, isso não terá sido o fio condutor de sua aparição? – perguntou o médico, dando um puxão na ponta da linha que tinha em mãos, o que fez saltar de dentro do paletó de Trevis um retalho de gaze branca.

Quase ao mesmo tempo, Arthur finalmente encontrou a ponta de seu novelo recém-desatado, puxou-a com força e o som da sineta, que ainda estava amarrada na outra ponta, encheu a sala.

– Como você descobriu... – perguntou Georges, no fio de voz que conseguiu arrancar de sua boca seca.

– Permita-me responder, querido Arthur! – disse *lady* Sutherland, surpreendendo a todos.

– Seu erro, caro Georges, foi subestimar a inteligência dos presentes! Acontece que qualquer pessoa que prive do nosso convívio e que tenha desfrutado da intimidade de Arthur e de sua família saberia que ele é um verdadeiro amante da natureza e que sempre odiou ter que participar das caçadas promovidas por seu pai... Desejo melhor sorte para vocês na próxima trapaça! Agora, exijo que saiam imediatamente, antes que eu me arrependa e mande chamar o chefe de polícia!

Arthur e Watson entreolharam-se, espantados com sua decisão de deixar que aqueles três embusteiros continuassem livres da cadeia que bem mereciam. Surpresos, porém muito aliviados, os canalhas trataram de sair da sala o mais rápido que suas pernas permitiam, sendo escoltados até a porta dos fundos pelo mordomo da mansão e um séquito de empregados.

– A senhora está certa disso, *milady*? – perguntou Arthur, desapontado com a decisão da amiga.

– É melhor assim, Arthur querido. Apesar da vilania de Georges, eu não me sentiria bem se o colocasse na prisão. Mesmo depois da maneira sórdida com que me enganou, ainda lhe sou grata, porque, de um jeito meio torto e nada cristão, esse pobre coitado me ajudou a superar a dor pela perda de meu adorado John... – e *lady* Beatrice Sutherland enxugou uma lágrima teimosa em seu lencinho de cambraia inglesa.

– Mas tenha certeza de que me empenharei para disseminar a péssima fama que ele conquistou! Tenho certeza de que esses fatos desabonadores o precederão aonde quer que ele vá... De qualquer modo, acredito que o que se faz aqui, por aqui mesmo se paga! E, caso ele seja pego aprontando alguma outra falcatrua, torço para que sua vítima não seja tão condescendente como eu...

Depois que Watson fez um rápido exame na idosa senhora para checar seu estado físico, eles finalmente se retiraram, deixando-a aos cuidados de sua ama.

– Pelo menos agora *lady* Sutherland está a salvo das artimanhas desses velhacos! – comentou Watson, enquanto chacoalhavam na carruagem, no caminho de volta para casa.

– Pobre alma! Sua herança pode ter sido salva, mas seu coração está destroçado pela mágoa de ser brutalmente enganada e pela decepção de não ter reencontrado o filho amado. Malditos médiuns de araque! Vendedores de ilusões e engodos! Gente sem estirpe nem honra! Deviam arder no fogo do inferno por fazerem promessas que não podem cumprir! – rugiu Arthur, com os nervos à flor da pele.

– Arthur, como acha que ele consegue ludibriar tão bem essas pessoas?

– É simples, meu caro Watson. Sobretudo, temos que reconhecer que Georges é um ator talentoso, além de astuto como uma raposa!

– Sim, no que diz respeito às encenações do número de 'receber o espírito de fulano ou sicrano', mas a questão que me intriga é como ele escolhe suas vítimas?

– Novamente a resposta é bastante simples: ele se mantém muito bem informado, acompanhando a vida das pessoas ilustres da sociedade que pretende ludibriar. Lê todos os jornais e suas colunas sociais, assim fica sabendo de tudo de bom ou de ruim que acontece na vida de seus possíveis alvos. Certamente foi assim que ele soube que *lady* Sutherland tinha perdido o filho, herdeiro de uma das maiores fortunas do país. Depois, aproveitou que a pueril curiosidade das pessoas e sua boa sorte o haviam colocado como 'atração' no baile na casa do embaixador francês para entrar em contato com ela. Em seguida, tudo ficou mais fácil ainda, já que *lady* Sutherland não tinha ninguém por perto para lhe abrir os olhos lacrimosos e saudosos pela perda do filho... A verdade é que esse calhorda se aproveita da fragilidade das pessoas que perderam seus entes queridos para aplicar seus golpes.

– Concordo, mas e você? Por que acha que ele decidiu incluí-lo no golpe contra *lady* Sutherland?

Arthur jogou a cabeça para trás, deu uma sonora gargalhada e só depois de muito rir respondeu:

– Perdoe-me, Watson! Mas somente agora percebi o tamanho da petulância desse sujeito! Georges cometeu um fenomenal erro de cálculo! – e ele bateu com a mão numa das coxas para expressar sua indignação. – Suponho que ele decidiu arriscar comigo justamente porque achava que tinha muita informação sobre minha família, dadas com certeza em primeira mão pela ingênua e muito falante *lady* Sutherland. Ao mesmo tempo, era nítido que ele viu seu golpe de mestre, aquele que se desse certo valeria milhões de libras, sendo colocado em xeque por causa de nossa desconfiança! Como bom jogador, ele percebeu que não tinha alternativa senão arriscar... Convocou sua trupe para montar uma armadilha perfeita, usando como isca o fato de eu ter acabado de perder meu pai. Lembre-se de que ele está acostumado a lidar com pessoas fragilizadas, tristes, débeis e solitárias. O problema é que ele não conhecia nossos dotes investigativos, justamente porque essa é uma informação privilegiada a que nem mesmo *lady* Sutherland tinha acesso...

– Tem razão! Mas felizmente ele foi desmascarado e *lady* Sutherland tratará de divulgar essa boa notícia junto às suas amigas da alta roda em toda a Europa. Os dias de *bon-vivant* de Georges acabaram.

— Assim espero. Agora, precisamos comemorar! Vamos beber em homenagem à sua derrocada! — convidou Arthur, dando a questão por encerrada.

Terminaram a noite comemorando a vitória da verdade sobre a charlatanice com muito uísque e conhaque num modesto estabelecimento na King Edward *street*.

Desde que desvendara o caso de Georges, o biltre, Arthur não conseguia pensar em outra coisa que não fosse desmascarar os 'impostores do além', como costumava chamá-los. Por coincidência do destino, por essa época, Watson foi convidado pela Faculdade de Medicina de Paris a participar de um grupo de pesquisa muito interessante do ponto de vista médico.

O projeto, chefiado pelo cientista e também médico Jean-Martin Charcot, pretendia aprofundar o estudo do que se considerava uma espécie de doença mental chamada histeria. Os pesquisadores esperavam conseguir explicar quais seriam as razões para o aumento exponencial de casos dessa doença na França.

Convencido de que poderia dar algum tipo de contribuição a tão nobre causa, Arthur decidiu que acompanharia o amigo médico em sua nova jornada. Mas, talvez, em seu íntimo, Arthur compreendesse que não suportaria ficar em Londres sem a inestimável companhia do amigo.

"À completa solidão, escolho a loucura..."

— Caro Watson, irei contigo à Paris! Ando precisando desanuviar as ideias... Sem falar que será uma excelente oportunidade de se reabrir o palacete no Palais Royal, que está fechado... — Arthur ia dizendo, "desde que meu pai morreu", mas preferiu dizer — ... há nem sei quanto tempo.

– Tem certeza? Amigo, isso é magnífico!

Foi assim que Arthur e Watson, acompanhados pelo fidelíssimo Alfred, rumaram para Paris sem data certa para voltar.

4

Paris, França.
Fevereiro de 1857.

Passados três anos e alguns meses desde que Arthur recebera a carta de Watson com um desesperado pedido de ajuda para a amiga em comum, *lady* Beatrice Sutherland, os dois amigos ainda continuavam residindo em Paris. E somente agora, depois de uma longa e introspectiva ausência, a nobre dama voltava a dar sinais de sua exuberante vida.

Arthur olhou de relance para o relógio sobre a lareira e constatou que passava da meia-noite. Mas, apesar do adiantado da hora, seu estado de ânimo continuava o mesmo de toda noite: insônia absoluta. Decidido a afastar o tédio que toda insônia proporciona, ele pegou um novo charuto na caixa de carvalho revestida de madrepérola que jazia sobre a mesa, acendeu-o, deu uma longa baforada e, depois de se recostar confortavelmente em sua poltrona, finalmente abriu a carta de *lady* Sutherland.

Londres, 14 de Fevereiro de 1857.
Querido Arthur,

Desculpe a prolongada ausência, mas tenho a meu favor a desculpa de que fiquei longo tempo viajando pelo Oriente em busca de novos artefatos para minha coleção! Encontrei algumas peças tão maravilhosas que certamente irão rivalizar em beleza e importância com as da excepcional coleção Champollion.

Confesso que essa viagem foi um santo remédio para minha alma, antes tão entristecida, e que agora me encontro muito melhor do que estava em nosso último encontro. Também é por causa disso que volto a procurá-lo, mas desta vez tenho notícias extraordinárias!

Em face do que aconteceu na ocasião de nosso último encontro, sei que deveria conter meu entusiasmo com a causa da mediunidade e dos sensitivos em geral... Calma, não lance minha carta ao fogo ainda, pois lhe asseguro que, graças a você, hoje sou muito mais astuta do que jamais fui!

Mas, como ia dizendo, essa fecunda visita ao Oriente me despertou para a importância de manter um olhar mais espiritual para a vida, que não é apenas um aglomerado de 'coisas' a serem conquistadas, adquiridas... Enfim, quando tivermos a oportunidade de uma conversa frente a frente, contarei em detalhes as maravilhosas experiências que tive com um incrível guru indiano, dono de uma reputação acima de qualquer suspeita e de uma sabedoria ímpar, um sensitivo capaz de produzir prodígios usando apenas o poder de sua mente!

No entanto, o motivo de escrever-lhe é outro, apesar de o assunto estar diretamente relacionado ao nosso último encontro. Peço que se dispa de qualquer preconceito e me ouça com absoluta paciência, assim como faria com uma velha tia-avó.

No início deste ano, finalmente cheguei a Paris, onde decidi ficar por algum tempo antes de voltar para casa. Aliás, sinto-me em casa aqui mesmo! Tenho amigos notáveis, que me cercam de mimos e me atualizam sobre todas as novidades e modismos. Espero que esteja confortavelmente sentado, porque esta história é um tanto longa... Pois bem, mal cheguei e tomei contato com a saga de um médium escocês, aparentemente de origem nobre, já famoso em toda a Europa por causa dos fenômenos que produz e cujo nome é Daniel Dunglas Home. Será que já ouviu falar nele? Pergunto, porque Home morou por muitos anos na América do Norte, que você conhece muito bem...

Enfim, corria à boca pequena que Home não era mais o mesmo desde que chegara a Paris e que havia perdido seus maravilhosos poderes. Ao que parece, quando isso aconteceu, os amigos que o patrocinavam simplesmente desapareceram no ar, deixando-o entregue ao Deus dará. Claro que há quem diga que tudo não passou de um golpe para acirrar a curiosidade dos parisienses, quando ele finalmente decidisse voltar à ativa...

De qualquer forma, a verdade é que, na ocasião em que Home esteve muito doente e à beira da penúria, o único cristão que o acolheu foi ironicamente um padre, monsieur Ravignan, que aceitou recebê-lo em sua própria paróquia com a condição de que ele não tivesse nenhum tipo de contato espiritual, já que o padre estava convicto de que a 'energia' dos espíritos que o acompanhavam vinha diretamente dos abismos infernais.

Recentemente, em fevereiro, depois de um longo ano de ausência, finalmente seus poderes retornaram e, veja como é o mundo, o padre saiu correndo na mesma velocidade com que retornaram seus amigos da nobreza com novos convites para suas elegantes e refinadas reuniões! E, a cada dia de êxito, Home conquistava amigos cada vez mais poderosos entre a elite e a nobreza parisienses, até que sua fama recém-conquistada chegou ao palácio das Tulherias, onde o próprio imperador Napoleão III manifestou o desejo de conhecê-lo. Segundo sua ordem, a visita foi marcada para o último 13 de fevereiro, uma sexta-feira!

> *Por absoluta coincidência do destino, também eu fui convidada a comparecer ao salão Apolo naquela noite, justamente pela prima Henrietta, que é amiga íntima da imperatriz Eugênia! Imagine se eu perderia um encontro desses? Jamais!*
>
> *Assim, ficamos à espera do digníssimo médium, enquanto jogávamos gamão e conversa fora. Confesso que, quando Home chegou, fiquei um pouco surpresa com sua aparência aristocrática, pois se tratava de um rapaz altivo e muito ruivo, trajado com esmero e nem um pouco deslocado em compartilhar aquele régio ambiente. E a boa impressão com o médium continuou, porque, quando foi solicitado a iniciar os trabalhos da noite diante do enorme grupo de convidados de suas majestades, ele gentilmente declinou o convite. Explicou com toda a elegância possível que uma sessão mediúnica não era o mesmo que uma exibição teatral, que o ideal é que permanecessem apenas oito ou nove pessoas no recinto e que, ainda assim, não havia nenhuma garantia de que algo de especial aconteceria, porque essa decisão pertencia aos espíritos.*

Arthur respirou fundo, como se subitamente o ar lhe faltasse, para em seguida cair num acesso de tosse nervosa. Sentia uma espécie de dor dentro do peito só de imaginar a cena que *lady* Sutherland narrava em sua carta. Como era possível que um reles médium, um prestidigitador, um mero ilusionista, pudesse manter sua impostura até mesmo diante do imperador da França?! Se a fonte de notícias tão absurdas não fosse absolutamente fidedigna, ele colocaria fogo naquela carta imediatamente. Porém, sabia que, mesmo a contragosto, teria que lê-la até o fim, e assim o fez:

> *Nem preciso dizer que a imperatriz Eugênia ficou ofendidíssima com a ordem de esvaziar o salão repleto de convidados e, sem dizer palavra, retirou-se com seu*

O Cético | 59

séquito. Houve um momento de confusão e Home também se levantou, imagino que se preparando para sair. Nessa hora, o imperador chamou seu secretário e os dois conversaram aos cochichos. Em seguida, o secretário apontou para algumas pessoas, indicando que elas deveriam ficar sentadas em seus lugares, enquanto convidava todos os outros a deixarem o salão. Preparei-me para sair da majestosa sala, mas só então percebi que tinha esquecido minha bengala com Henrietta! Nisso, olhei para frente e a vi parada lá adiante, bengala na mão, acenando aflitivamente para mim, enquanto um lacaio praticamente fechava a porta em seu nobre nariz! Graças a Deus, o competente secretário percebeu o problema e gentilmente permitiu que eu permanecesse no salão. Foi assim, num golpe de pura sorte, que obtive o privilégio de assistir a tão concorrida e restrita reunião!

Em seguida, orientados por Home, formamos um pequeno círculo à sua volta e a sessão mediúnica começou. Depois, o secretário colocou alguns objetos em cima de uma mesinha à frente de Home, que aparentemente fez uma pequena prece para pedir a colaboração de seus espíritos protetores. Veja, Arthur querido, antes de prosseguir, faço questão de salientar que, sem trocadilho, tentei usar seu espírito investigativo para avaliar as condições do ambiente. Observei que todas as luzes existentes no salão estavam acesas e que desfrutávamos de grande claridade. Lembre-se também que foi o próprio secretário do rei quem colocou os objetos que pertenciam à faustosa decoração da sala sobre a mesa. O senhor Home não trouxe absolutamente nada consigo e sequer tocou em coisa alguma no tempo em que estivemos reunidos naquela sala! Também não foi necessário que ele tocasse em nada, porque, ao seu comando, a sineta de mão e o acordeão que estavam sobre a mesinha começaram a tocar sozinhos e em absoluta harmonia! Em seguida, ouvimos várias batidas ritmadas, os chamados 'raps', ecoando pela enorme sala... O som dessas batidas surgia a cada instante num lugar diferente e até mesmo por debaixo das cadeiras dos convidados! Sou testemunha de que minha própria cadeira rangeu e tremeu, o que me deixou completamente apavorada!

O próprio Napoleão observava tudo atentamente, muito compenetrado. Não sei se você sabe, mas nossa 'excelentíssima majestade imperial' tem fama de ser um razoável mágico amador. Imagino que, exatamente como você faria, ele estava tentando enxergar com olhar crítico o 'truque' por detrás do homem.

Depois que tudo literalmente bateu e tremeu pela sala, Home propôs ao imperador uma espécie de desafio: que ele pensasse numa pergunta, mas que não a pronunciasse em voz alta. A resposta seria dada pelos espíritos através dos raps, que soariam de acordo com o número de batidas correspondentes às letras do alfabeto. Novamente seu secretário seria encarregado da responsabilidade de fazer a contagem correta e a anotação da respectiva resposta. Depois de um breve silêncio, ouvimos uma série de pancadas que foram metodicamente decifradas pelo secretário. Um murmúrio de admiração percorreu o grupo assim que o monarca confirmou que a resposta correspondia adequadamente à pergunta mental que ele fizera.

A verdade é que Napoleão ficou tão entusiasmado com esse jogo de perguntas e respostas que mandou interromper a reunião, declarando que a imperatriz Eugênia teria de participar! Mandou chamá-la e, em pouco tempo, reentrou no salão a grande dama, com toda a imponência de sua augusta majestade. Nem é preciso acrescentar que Home conquistou-a no instante em que fez acontecer algo maravilhoso e intrigante: pediu que lhe trouxessem uma jarra com água e depois fez uma imposição de mãos sobre ela, que, diante da vista de todos, começou a desprender um estranho 'vapor'. Em seguida, pediu que um criado

O Cético | 61

levasse a jarra para perto da imperatriz para que ela pudesse sentir melhor a fragrância que a jarra exalava. Imediatamente a imperatriz identificou o perfume de violetas, justamente um de seus favoritos! Aliás, todos os presentes puderam sentir o aroma que dominou o ambiente por alguns minutos, até que, ao comando de Home, o perfume desapareceu por completo! Me pergunto: como ele poderia ter aspirado o perfume do ar?

É por tudo isso que lhe asseguro que Daniel Dunglas Home é realmente assombroso, seus feitos são reais e podem ser verificados a qualquer tempo! Veja bem, não sou apenas eu quem está fazendo esta veemente afirmação, mas praticamente toda a corte francesa!

Segundo apurei mais tarde, também é absolutamente correta a informação de que Home recebeu do Clube União, aqui mesmo em Paris, a soberba oferta de duas mil libras para realizar uma única sessão aberta ao público e que, mesmo estando falido e doente, ele a recusou terminantemente.

"Fui mandado em missão", Home teria dito a amigos para justificar sua decisão. "Essa missão é demonstrar a imortalidade do espírito. Nunca recebi dinheiro por isso e jamais o farei."

Por tudo isso, confesso que relutei muito em lhe escrever, porém, achei que devia fazê-lo, porque sei como deve ter se sentido ofendido depois da malfadada reunião em que tentaram nos enganar... em que se prometera obter a presença de quem nunca poderia se chegar até nós por intermédio de uma pessoa tão infame quanto Georges.

Porém, querido amigo, descubro que, assim como existem os médiuns farsantes, também existem os médiuns genuínos! Pessoas acima de qualquer suspeita, de reputação ilibada, que são capazes de promover fenômenos físicos e também de 'ouvir' a voz dos espíritos que já partiram para o outro lado da vida.

62 | José Bento / Ada May

Agora tenho confiança de que, por intermédio de médiuns confiáveis, é possível fazer contato com nossos entes queridos! Inclusive, aqui em Paris, tomei conhecimento de uma médium esplêndida, membro de uma excelente família, os Dufaux. A médium é apenas uma garota de dezesseis anos, mas que já escreveu livros sob a batuta de ninguém menos do que são Luís, o rei da França!

Sei de fonte segura que ela também foi convidada ao palácio de Fontainebleau e recebeu uma mensagem do próprio imperador Napoleão Bonaparte para seu sobrinho e atual regente. A mensagem respondeu a uma pergunta mental feita por Luís Napoleão, que afirmou que o estilo da resposta correspondia exatamente ao de seu tio. Isso foi o bastante para me convencer da autenticidade da mediunidade de Ermance Dufaux, justamente porque acredito piamente na capacidade de julgamento do imperador e de seus conselheiros.

Fiz planos para ir encontrá-la na próxima semana, mas, infelizmente, meu advogado escreveu informando que preciso retornar imediatamente a Londres para resolver alguns contratempos inadiáveis que exigem minha presença.

De qualquer forma, quando soube que você estava em Paris, fiz questão de lhe escrever porque imagino que esses assuntos também são de seu interesse.

Aguardo notícias suas e pretendo encontrá-lo assim que eu puder retornar a Paris. Nesse meio tempo, se precisar vir a Londres, não se esqueça de me visitar! [3]

Um afetuoso abraço,
Lady *Beatrice Sutherland.*

---

[3] Os dados biográficos de Daniel Dunglas Home mencionados acima foram baseados no livro *Sobrevivência e comunicabilidade dos espíritos*, de Hermínio C. Miranda, publicado pela FEB em 1977.

O Cético | 63

Mal terminou a leitura, Arthur, enraivecido, deu um soco sobre a mesa, causando um tremor forte o bastante para derrubar vários objetos no chão, enchendo a quietude da noite com uma trovoada artificial.

– Será possível que Beatrice não tenha aprendido nada com o exemplo que o defenestrado Georges nos deu!! Não entendeu que esses médiuns, escória de farsantes, formados na escola do vício e do engodo, não são de confiança?!

No instante seguinte, a porta se abriu e um Watson sonolento e mal-humorado entrou no escritório:

– Caro amigo, posso saber qual é a natureza do contratempo com poder para enraivecê-lo tão completamente a esta hora da madrugada?!

– Queira me perdoar, Watson! Não tive a intenção de causar incômodo, mas veja isso! – e, como se sacasse uma adaga, esticou a carta na direção do amigo.

Mais um instante e novamente a porta foi aberta, desta vez por Alfred, que entrou na sala num rompante, armado com uma vassoura e pronto para o combate:

– O que foi patrão? Será um rato? Se for, darei cabo dele agora mesmo!

A expressão de alarme no rosto do pobre mordomo fez com que os dois amigos caíssem numa sonora gargalhada. Quando finalmente conseguiu conter o riso, Arthur se desculpou:

– Perdão, Alfred! Claro que, graças a sua permanente eficiência, não há rato algum em nosso imaculado domínio parisiense! A culpa é toda minha, pois, estouvado que sou, sem querer bati a mão nessas coisas e tudo foi ao chão...

– Não tem problema, patrão... Melhor isso que encontrar um rato nojento andando por aí... – e, em seguida, tendo recuperado o tom profissional: – Bem, aproveitando que estou por aqui, os cavalheiros não gostariam de tomar uma xícara de chá? Encontrei uns sachês especiais no mercado, hoje cedo... Adivinhem: sabor de orquídea Vanilla, mas são orientais autênticos, não essas imitações inglesas...

– Meu preferido! Se não for exigir demais de sua boa vontade, seria muito relaxante e, sinceramente, acho que estou precisando... – respondeu Arthur um tanto encabulado.

– Absolutamente, senhor. Com sua licença... – e o mordomo se retirou, sem um ruído.

Enquanto o médico se concentrava na leitura da carta, Arthur permaneceu sentado em sua poltrona, com as sobrancelhas franzidas e os olhos fixos nas brasas do fogo, que ia morrendo pouco a pouco.

– Hum... Parece que nossa amiga *lady* Sutherland ficou muito bem impressionada com a atuação dos médiuns parisienses, não acha?

– Infelizmente, para o bem da lógica e da racionalidade. Primeiro, encantou-se com o tal Home! E agora por essa médium que é apenas uma garotinha, mas metida a escritora com auxiliar sobrenatural! É inacreditável! Só me resta uma coisa a fazer: desmascará-los...

– Caro amigo, descubro que não é completamente verdadeira sua fama de ser avesso às caçadas...

– Como? – ao que Arthur lançou-lhe um olhar indagativo e bastante surpreso.

– Pode ser que você não aprecie a caça de animais indefesos, porém, não se pode dizer o mesmo com relação aos médiuns e seus fantasmas...

– Permita-me discordar, caro Watson. Simplesmente porque não se pode caçar aquilo que não existe!

No tempo passado em Paris, Arthur Davenport e Edward Watson haviam ocupado suas vidas com interesses distintos. Enquanto Arthur se divertia viajando a negócios para multiplicar o patrimônio que herdara de sua família, o médico estudava com afinco para concluir uma especialização nas doenças da mente, aproveitando o privilégio de desfrutar da companhia do cientista, médico e professor Jean-Martin Charcot, na Faculdade de Medicina de Paris.

Vez por outra, Arthur aparecia por lá para assistir a uma aula pública e assim aproveitava a profissão do amigo para aumentar sua artilharia de argumentos nefastos contra os médiuns, ou histéricos disfarçados, como também gostava de chamá-los. Em defesa desse hábito pouco usual para um leigo, há que se dizer que as aulas do professor Charcot podiam ser um pouco de tudo, menos tediosas. O doutor era um afamado neurologista e suas pesquisas no campo das doenças neurológicas eram mundialmente reconhecidas. O professor foi um dos primeiros cientistas a corresponderem lesões anatômicas específicas para uma variedade de desordens neurológicas, incluindo a epilepsia, a esclerose múltipla e o acidente vascular cerebral.

Também nisso Arthur e Watson tinham algo em comum, porque estavam especialmente interessados na pesquisa de Charcot sobre as causas da histeria. Embora esta doença se expressasse de forma diferente em cada paciente, a maioria sofria com uma combinação de sintomas físicos e psicológicos que podia incluir delírio, paralisia, rigidez e contração dos músculos, cegueira, incapacidade de falar, perda de sensibilidade, vômito, hemorragia, convulsões e, até mesmo, deformidade e abdome distendido.

Era um fato comum que os médicos, cansados de tentar explicar o comportamento errático e imprevisível de seus pacientes histéricos sem obter êxito, passassem a acusá-los de fingimento e fraude. Porém, o professor Charcot estava plenamente convencido de que os pacientes acreditavam que seus sintomas eram reais e que seus sintomas físicos eram indicativos de um verdadeiro problema psicológico.

Para investigar essa hipótese, Charcot combinou seus métodos de diagnóstico, tradicionalmente meticulosos, com técnicas experimentais inovadoras envolvendo hipnotismo, magnetismo e eletricidade. Inclusive, fazia parte de sua equipe de pesquisadores o reconhecido médico e neurologista Guillaume Duchenne, que estava particularmente interessado no estudo dos efeitos da eletricidade no corpo humano.

No entanto, se os interesses de Arthur e de Edward tinham um denominador comum, que era justamente o estudo da patologia chamada histeria, suas motivações eram diametralmente opostas. Enquanto o doutor Watson procurava compreender uma doença para melhor atender a seus pacientes, Arthur estava plenamente convencido de que todos os tipos de médiuns eram histéricos, pessoas doentes e nocivas que deveriam ser segregados do convívio social antes que sua insanidade acabasse contaminando a maioria sã.

Aquela tarde na faculdade havia sido especialmente proveitosa para ambos, que tinham ficado muito impressionados ao assistir sua primeira sessão de hipnotismo.

– Aposto que eu poderia hipnotizá-lo, Arthur... – provocou o médico, quando se preparavam para sair da sala.

– Duvido muito, meu caro. As mentes privilegiadas estão naturalmente protegidas de quaisquer supostas invasões. Você não conseguiria acesso ao meu cérebro nem mesmo se abrisse meu crânio com um machado!

Os cavalheiros caíram na risada e, enquanto riam e caçoavam um com o outro, perceberam que estavam sendo observados bem de perto por uma elegante senhorita. Watson adiantou-se e, honrando as normas da boa educação, disse:

– Permita-me apresentar-nos, *mademoiselle*. Dr. Edward Watson, a seu inteiro dispor... – disse ele, erguendo a cartola de sobre a cabeça e inclinando-se ligeiramente. – E o cavalheiro aqui a minha direita é meu amigo inseparável, o doutor Arthur C. Davenport...

– Jeanne Maginot. Suponho que os senhores sejam médicos... – ao que se seguiu uma nova gargalhada de Arthur.

– Felizmente, ele não é. Para tanto, falta-lhe um tipo de sutileza imprescindível no trato com as pessoas! – respondeu Watson, bem-humorado.

– Sou advogado. Eis meu cartão.
– Muito prazer em conhecê-los. Agora, com vossa licença, preciso ir! Estou atrasada para um compromisso... *Au revoir, messieurs!* – Jeanne aceitou o cartão e afastou-se rapidamente.

Os cavalheiros observaram a esbelta e altiva silhueta feminina deixar a sala antes de retomarem a conversa:

– Por acaso, você conhece essa bela dama, Watson?
– Apenas de vista. Já a vi circulando por aí, mas ainda não tínhamos sido apresentados.
– É uma falta imperdoável, caro amigo. Simplesmente imperdoável... Vou lhe dar a incumbência de me trazer novas informações sobre essa bela flor!
– Interessado noutra coisa que não seja um saco de ouro ou um maço de ações? – perguntou o médico, um tanto surpreso com a reação do amigo, normalmente bastante reservado com o sexo oposto.
– Apenas mudando de *commodities*. Você pode não ter reparado direito, Watson, mas essa donzela é uma joia digna da rainha!

Watson apenas coçou a cabeça e, sem saber se o amigo falava sério ou brincava, optou por não comentar. Em seguida, pegou a cartola, a pasta e o sobretudo e dirigiu-se à saída. Arthur não disse palavra, mas seguiu o amigo, ostentando nos lábios um sorriso de Monalisa.

A mesa do jantar estava impecavelmente composta às oito horas em ponto, como Alfred constatou com seu relógio de bolso. Exatamente às oito horas e três minutos, Arthur e Edward adentraram a sala e foram sistematicamente fuzilados pelo olhar do mordomo perfeccionista, que sinalizava o repreensível atraso de três minutos.

68 | José Bento / Ada May

Assim que os cavalheiros tomaram seus lugares à mesa e Alfred serviu a entrada do jantar, uma deliciosa sopa de aspargos ingleses, Watson começou a se desincumbir da tarefa detetivesca que recebera:

– Tenho novidades sobre a joia francesa.

– Sou todo ouvidos.

– Descobri que Jeanne Maginot é sobrinha do professor Foucault, que é ninguém menos que o responsável pelo departamento de pesquisa da Academia de Medicina.

Arthur apenas ergueu levemente uma sobrancelha, cuja peculiar tradução em seu dicionário de cacoetes da fisionomia significava o mesmo que dizer 'prossiga':

– Soube de fonte fidedigna que *mademoiselle* Maginot costuma frequentar a faculdade, onde assiste a aulas de várias matérias do curso de medicina, inclusive às palestras dos mestres renomados, que costumam ser abertas ao público em geral. Logo, parece-me que nós três temos em comum o interesse pelo estudo da histeria e das doenças mentais.

"Agora, prepare-se, porque deixei a melhor informação para o fim. Aliás, aposto aquele seu famoso cachimbo como você jamais adivinhará a resposta para esse enigma..."

– Adoro enigmas. Diga...

– Responda rápido: de qual famosa personalidade parisiense *mademoiselle* Jeanne é preceptora...

O advogado pousou sua taça sobre a mesa, depois fitou o teto por vários segundos, antes de começar a responder em voz pausada:

– Observando seu porte aristocrático e o modo refinado como se veste, posso facilmente afirmar que *mademoiselle* Jeanne pertence à alta classe parisiense. Logo, suponho que, como membro privilegiado da elite, essa senhorita não precise trabalhar para viver... Se o faz, é por capricho, dever familiar ou devotada amizade. Assim, em qualquer uma dessas alternativas, a jovem deve ser professora de uma criança que pertença à sua própria família ou ao círculo mais íntimo de suas amizades.

Isso posto, só me resta imaginar que a suposta pupila é uma princesa ou alguma nobre dama da sociedade parisiense. Obviamente, estrangeiro que sou por estas paragens, jamais teria condições de conhecê-las por seus respectivos nomes. O que me diz, acertei?

– Em parte, sim. Jeanne é preceptora de Ermance Dufaux! – completou o médico.

Ao ouvir o nome da famosa médium francesa, o milionário inglês se afogou com o gole de vinho que acabara de levar a boca. O próprio Alfred correu para acudi-lo, com medo de que seu patrão morresse engasgado num súbito acesso de tosse.

O médico imediatamente levantou-se para prestar auxílio ao amigo, deu várias batidinhas em suas costas, depois verificou seu pulso e também sua respiração.

– Que brincadeira mais idiota, Watson! Está querendo me matar? – disse Arthur, no fio de voz que conseguiu retirar da garganta.

– Acontece que não estou brincando, caro Arthur. Jeanne Maginot, além de amiga íntima, também é professora de Ermance Dufaux, conhecida em toda Paris como a médium historiadora.

Arthur C. Davenport encheu a sala com um audível e profundo suspiro.

– Que grande desperdício de talento, inteligência e elegância! – e esse foi o único comentário que o advogado dignou-se a fazer pelo resto da noite.

A improvável verdade é que essa trivial revelação teve o impacto de uma saraivada de canhão no humor do tarimbado investigador inglês, apesar de toda sua experiência em lidar com informações surpreendentes e reviravoltas mirabolantes. Já Watson, sentindo-se culpado por ter sido o portador de tão desastrada notícia, observou que o amigo mal havia tocado no jantar. Aliás, um excelente faisão recheado com nozes e acompanhado por um extraordinário purê de mirtilo, uma das especialidades do novo *chef* francês, cujo talento gerencial de Alfred convencera a abandonar um elegantíssimo bistrô na *rue* de Sèvres para vir trabalhar em seu reduto inglês.

Mais tarde, na saleta de leitura, onde os cavalheiros tradicionalmente tomavam um cálice de vermute seco para fechar a noite, Arthur se manteve em silêncio, completamente absorto na atividade de retirar grandes anéis de fumaça de seu cachimbo preferido para depois fitar demoradamente o rastro que iam deixando pelo ar.

– Boa noite, Watson. Vou me deitar – disse ele quando o fumo de seu cachimbo acabou e, em seguida, foi diretamente para o quarto, o que era raro.

Por conta desse comportamento atípico, Watson concluiu que o amigo teria ficado realmente interessado naquela autêntica 'joia francesa' que um destino farsesco havia colocado em seu caminho.

– Pobre Arthur. Que azar! Cair de amores justamente pela professora da jovem médium! – disse Watson, falando com o espelho em seu quarto. E, depois de considerar por um instante, completou:

– No entanto, isso certamente dará um estudo de caso deveras interessante...

5

Paris, França.
Abril de 1857.

Naquele início de primavera, Ermance recebeu de sua mãe um convite para o chá da tarde, na verdade uma espécie de intimação, desde que não poderia ser recusado.

– Seu pai faz questão absoluta de que conheça *monsieur* Allan Kardec e sua esposa, Amélie-Gabrielle Boudet.

Como sabia que um pedido de seu pai na verdade era uma ordem, Ermance nem discutiu. Quando pediu mais detalhes sobre a visita, sua mãe respondeu que o convidado era o renomado educador e também escritor Hippolyte Léon Denizard Rival, discípulo de Pestalozzi, que recentemente havia lançado um livro realmente fascinante, cujos novos paradigmas visavam revolucionar a ciência e a religião.

– Uma pretensão nada modesta! – dissera Jeanne, com quem a amiga compartilhara as informações e o respectivo convite para participar do encontro naquela mesma tarde.

– Essa obra, cujo lançamento se deu no último sábado, dia 18, na Livraria E. Dentu, chama-se *O livro dos espíritos*. Seu editor, *monsieur* Pierre-Paul Didier, disse ao meu pai que essa obra está predestinada a suscitar uma intensa polêmica entre as várias classes da sociedade francesa! – Ermance fez questão de explicar didaticamente à amiga.

Às quatro horas em ponto, o casal chegou ao castelo dos Dufaux, cuja famosa vizinhança incluía o próprio Napoleão III. O mordomo conduziu os convidados por um verdadeiro labirinto de corredores até alcançar o suntuoso salão Azul, onde a família reunida os aguardava.

Assim que pôde, Jeanne se afastou do pequeno grupo para recolher-se timidamente num discreto recanto do grande salão que a decoração esmerada transformara num espaço dedicado à leitura. Apesar do ar *blasé*, Jeanne estava decidida a prestar a maior atenção possível àquela conversação, com o objetivo muito prático de auxiliar Ermance, a quem amava como uma irmã. Ela jamais permitiria que alguém incutisse ideias estranhas na mente de sua protegida. Da aparência ao discurso, absolutamente tudo lhe interessava, e nada, nada mesmo, escaparia de seus olhos de lince.

De imediato, ela reparou que havia surgido entre Ermance e Kardec um elo de natural simpatia. Jeanne gostou da aparência digna e austera do escritor, que devia contar uns cinquenta e poucos anos, e de seu porte naturalmente elegante, sem qualquer afetação. Mas gostou, sobretudo, da expressão conciliadora que viu no rosto de traços fortes, apreciando suas maneiras educadas e contidas, onde identificou o traço marcante do professor que deseja dar o melhor de si aos seus pupilos. Aliás, um trabalho que ela entendia muito bem, porque cotidianamente tentava realizá-lo junto a Ermance.

Observando um pouco mais, Jeanne teve a nítida impressão de que o gentil cavalheiro lionês estava absolutamente hipnotizado pela bela figura de Ermance, o que considerou natural, porque já estava acostumada a ver sua jovem pupila causar esse tipo de reação nas pessoas. Além da beleza de traços perfeitos, Ermance possuía o charme inerente aos que detêm uma inteligência privilegiada, aliada a um maravilhoso senso de humor.

O Cético | 73

"Sem dúvida, uma combinação irresistível" – pensou ela.

Assim que todos se cumprimentaram e ocuparam seus lugares à mesa, Ermance perguntou:

– Tenho muita curiosidade em saber como foi que o senhor tomou conhecimento dos fenômenos espíritas?

– Foi em 1854 que pela primeira vez ouvi falar das mesas girantes...

– Conte-nos como foi isso, caro professor – pediu madame Dufaux, mãe de Ermance, que desejava ardentemente conhecer detalhes da aventura de Allan Kardec com os espíritos.

– Encontrei um dia o magnetizador *monsieur* Fortier, a quem eu conhecia desde muito tempo e que me disse:

"– Já sabe da singular propriedade que se acaba de descobrir no magnetismo? Parece que não são somente as pessoas que se podem magnetizar, mas também as mesas, conseguindo-se que elas girem e caminhem à vontade.

"– É com efeito, muito singular – respondi –, mas, a rigor, isso não me parece radicalmente impossível. O fluido magnético, que é uma espécie de eletricidade, pode perfeitamente atuar sobre os corpos inertes e fazer que eles se movam.

"Algum tempo depois, encontrei-me novamente com o sr. Fortier, que me disse:

"– Temos uma coisa muito mais extraordinária; não só se consegue que uma mesa se mova, magnetizando-a, como também que fale. Interrogada, ela responde.

"– Isto agora – repliquei-lhe – é outra questão. Só acreditarei quando o vir e quando me provarem que uma mesa tem cérebro para pensar, nervos para sentir e que possa tornar-se sonâmbula.[4] Até lá, permita que eu não veja no caso mais do que um conto para fazer-nos dormir em pé.

"Era lógico este raciocínio: eu concebia o movimento por <u>efeito de uma</u> força mecânica, mas, ignorando a causa e a lei

---

[4] A palavra 'sonâmbula', neste caso, está sendo empregada no sentido de 'pessoa que está sob a influência do sonambulismo ou magnetismo, o que se dá através da aplicação de passes magnéticos que a colocam em transe magnético ou sonambúlico, estado semelhante ao do transe mediúnico'.

do fenômeno, afigurava-se-me absurdo atribuir-se inteligência a uma coisa puramente material. Achava-me na posição dos incrédulos atuais, que negam porque apenas veem um fato que não compreendem.

"Há cinquenta anos, se a alguém dissessem, pura e simplesmente, que se podia transmitir um despacho telegráfico a quinhentas léguas e receber a resposta dentro de uma hora, esse alguém se riria e não teriam faltado excelentes razões científicas para provar que semelhante coisa era materialmente impossível. Hoje, quando já se conhece a lei da eletricidade, isso a ninguém espanta, nem sequer ao camponês.

"O mesmo se dá com todos os fenômenos espíritas. Para quem quer que não conheça a lei que os rege, eles parecem sobrenaturais, maravilhosos e, por conseguinte, impossíveis e ridículos. Uma vez conhecida à lei, desaparece a maravilha, o fato deixa de ter o que repugne a razão, porque se prende à possibilidade de ele produzir-se. Eu estava, pois, diante de um fato inexplicado, aparentemente contrário às leis da natureza e que a minha razão repelia.

"Ainda nada vira, nem observara; as experiências, realizadas em presença de pessoas honradas e dignas de fé, confirmavam a minha opinião, quanto à possibilidade do efeito puramente material; a ideia, porém, de uma 'mesa falante' ainda não me entrara na mente."

– E quando mais exatamente o senhor tomou contato com os espíritos propriamente ditos? – quis saber Ermance.

– No ano seguinte, estávamos em começo de 1855, encontrei-me com o sr. Carlotti, amigo de vinte e cinco anos, que me falou daqueles fenômenos (das mesas), durante cerca de uma hora, com o entusiasmo que consagrava a todas as ideias novas. Ele era natural da Córsega, de temperamento ardoroso e enérgico, e eu sempre lhe apreciara as qualidades que distinguem uma grande e bela alma, porém desconfiava da sua exaltação. Foi o primeiro que me talou na intervenção dos espíritos e me contou tantas coisas surpreendentes que, longe de me convencer, me aumentou as dúvidas. "Um dia, o senhor será dos nossos", concluiu. "Não direi que não", respondi-lhe; "veremos isso mais tarde".

"Passado algum tempo, pelo mês de maio de 1855, fui à casa da sonâmbula sra. Roger, em companhia do sr. Fortier, seu magnetizador. Lá encontrei o sr. Pâtier e a sra. Plainemaison, que daqueles fenômenos me falaram no mesmo sentido em que o sr. Carlotti se pronunciara, mas em tom muito diverso. O sr. Pâtier era funcionário público, já de certa idade, muito instruído, de caráter grave, frio e calmo; sua linguagem pausada, isenta de todo entusiasmo, produziu em mim viva impressão e, quando me convidou a assistir às experiências que se realizavam em casa da sra. Plainemaison, à *rue* Grange-Batelière, 18, aceitei imediatamente. A reunião foi marcada para uma terça-feira de maio às oito horas da noite. Foi aí que, pela primeira vez, presenciei o fenômeno das mesas que giravam, saltavam e corriam em condições tais que não deixavam lugar para qualquer dúvida. Assisti então a alguns ensaios, muito imperfeitos, de escrita mediúnica numa ardósia, com o auxílio de uma cesta. Minhas ideias estavam longe de precisar-se, mas havia ali um fato que necessariamente decorria de uma causa.

"Eu entrevia, naquelas aparentes futilidades, no passatempo que faziam daqueles fenômenos, qualquer coisa de sério, como que a revelação de uma nova lei, que tomei a mim estudar a fundo.

"Bem depressa, ocasião se me ofereceu de observar mais atentamente os fatos, como ainda não o fizera. Numa das reuniões da sra. Plainemaison, travei conhecimento com a família Baudin, que residia então à *rue* de Rochechouart.

"O sr. Baudin me convidou para assistir às sessões que se realizavam em sua casa e as quais me tornei desde logo muito assíduo. Eram bastante numerosas essas reuniões; além dos frequentadores habituais, admitiam-se todos os que solicitavam permissão para assistir a elas.

"Os médiuns eram as duas senhoritas Baudin, que escreviam numa ardósia com o auxílio de uma cesta, chamada carrapeta, colocando-se um lápis ao fundo e prendendo bem.

"Esse processo, que exige o concurso de duas pessoas, exclui toda possibilidade de intromissão das ideias do médium. Aí, tive ensejo de ver comunicações contínuas e respostas a perguntas formuladas, algumas vezes, até a perguntas mentais, que acusavam, de modo evidente, a intervenção de uma inteligência estranha. Eram geralmente frívolos os assuntos tratados. Os assistentes se ocupavam, principalmente, de coisas respeitantes à vida material, ao futuro, numa palavra, de coisas que nada tinham de realmente sério; a curiosidade e o divertimento eram os móveis capitais de todos.

"Dava-se o nome de Zéfiro o espírito que costumava manifestar-se, nome perfeitamente acorde com a seu caráter e com o da reunião. Entretanto, era muito bom e se dissera protetor da família. Se com frequência fazia rir, também sabia, quando preciso, dar ponderados conselhos e manejar, se o ensejo se apresentava, o epigrama, espirituoso e mordaz. Relacionamo-nos de pronto e ele me ofereceu constantes provas de grande simpatia. Não era um espírito muito adiantado, porém, mais tarde, assistido por espíritos superiores, me auxiliou nos meus trabalhos. Depois, disse que tinha de reencarnar e dele não mais ouvi falar.

"Foram nessas reuniões que comecei os meus estudos sérios sobre o espiritismo. Até ali, as sessões em casa do sr. Baudin nenhum fim determinado tinham tido. Tentei lá obter a resolução dos problemas que me interessavam, do ponto de vista da filosofia, da psicologia e da natureza do mundo invisível. Levava para cada sessão uma série de questões preparadas e metodicamente dispostas. Eram sempre respondidas com precisão, profundeza e lógica.

"A partir de então, as sessões assumiram caráter muito diverso. Entre os assistentes contavam-se pessoas sérias, que tomaram por elas vivo interesse e, se me acontecia faltar, ficavam sem saber o que fazer. As perguntas fúteis haviam perdido, para a maioria, todo atrativo.

"Eu, a princípio, cuidara apenas de instruir-me; mais tarde, quando vi que aquilo constituía um todo e ganhava as propor-

O Cético | 77

ções de uma doutrina, tive a ideia de publicar os ensinos recebidos para instrução de toda a gente. Foram aquelas mesmas questões que, sucessivamente desenvolvidas e completadas, constituíram a base de *O livro dos espíritos*."

– Assim, o senhor começou a reunir as informações obtidas por intermédio de vários médiuns para construir a base da filosofia espírita? – continuou Ermance.

– Foram nessas reuniões que comecei os meus estudos sérios de espiritismo, menos, ainda, por meio de revelações, do que de observações. Apliquei a essa nova ciência, como o fizera até então, o método experimental; nunca elaborei teorias preconcebidas; observava cuidadosamente, comparava, deduzia consequências; dos efeitos procurava remontar às causas, por dedução e pelo encadeamento lógico dos fatos, não admitindo por válida uma explicação, senão quando resolvia todas as dificuldades da questão.

"Compreendi, antes de tudo, a gravidade da exploração que ia empreender; percebi, naqueles fenômenos, a chave do problema tão obscuro e tão controvertido do passado e do futuro da humanidade, a solução que eu procurara em toda a minha vida. Era, em suma, toda uma revolução nas ideias e nas crenças. Fazia-se mister, portanto, andar com a maior circunspecção e não levianamente; ser positivista e não idealista, para não me deixar iludir.

"Um dos primeiros resultados que colhi das minhas observações foi que os espíritos, nada mais sendo do que as almas dos homens, não possuíam nem a plena sabedoria, nem a ciência integral; que o saber de que dispunham se circunscrevia ao grau que haviam alcançado de adiantamento e que a opinião deles só tinha o valor de uma opinião pessoal.

"Reconhecida desde o princípio, esta verdade me preservou do grave escolho de crer na infalibilidade dos espíritos e me impediu de formular teorias prematuras, tendo por base o que fora dito por um ou alguns deles. O simples fato da comunicação com os espíritos, dissessem eles o que dissessem, provava a existência do mun-

78 | José Bento / Ada May

do invisível ambiente. Já era um ponto essencial, um imenso campo aberto às nossas explorações, a chave de inúmeros fenômenos até então inexplicados. O segundo ponto, não menos importante, era que aquela comunicação permitia se conhecessem o estado desse mundo, seus costumes, se assim nos podemos exprimir. Vi logo que cada espírito, em virtude da sua posição pessoal e de seus conhecimentos, me desvendava uma face daquele mundo, do mesmo modo que se chega a conhecer determinada região de um país, interrogando habitantes seus de todas as classes, não podendo um só, individualmente, informar-nos de tudo. Compete ao observador formar o conjunto, por meio dos documentos colhidos de diferentes lados, colecionados, coordenados e comparados uns com outros. Conduzi-me, pois, com os espíritos, como houvera feito com homens. Para mim, eles foram, do menor ao maior, meios de me informar e não reveladores predestinados. Tais as disposições com que empreendi meus estudos e neles prossegui sempre. Observar, comparar e julgar, essa a regra que constantemente segui.[5]

"Inclusive, *mademoiselle* Ermance, seus pais me falaram sobre os fenômenos inusitados que ocorrem com a senhorita desde menina e que eu classifico como mediúnicos. Seria muito inconveniente pedir que você entrasse em contato com seu protetor espiritual? Quem sabe ele não nos dará um conselho ou uma palavra de incentivo sobre o lançamento do livro... Talvez, até mesmo alguma crítica! Qualquer palavra já seria um privilégio para nós."

Envergonhada, porém, temerosa em desapontar seus convidados, Ermance aquiesceu. Em seguida, sentou-se diante da mesinha de café e tomou da pena que Jeanne havia providenciado. Num átimo, a jovem colocou no papel uma pequena, porém, significativa mensagem. Era praticamente um bilhete com umas poucas palavras. Dizia apenas:

---

[5] O trecho acima foi retirado do livro *Obras póstumas*, que reúne importantes registros deixados por Allan Kardec, com reflexões acerca de pontos doutrinários e fundamentação do espiritismo, entre outros. Foi publicado pela primeira vez em Paris, em 1890.

Ao distinto Allan Kardec,
Recomendo coragem e cautela na nova missão.
Luís

– Obrigado, querida Ermance. Compreendemos perfeitamente o conselho de tão nobre espírito. Também gostaria de aproveitar a oportunidade para convidá-la a participar das reuniões de nosso círculo de amigos. Garanto que será muito bem-vinda entre nós e que ficaremos honrados com sua cativante presença.

Pronto. Estava feito o convite para que a jovem médium se incorporasse ao seleto grupo de pessoas que participavam das reuniões de Allan Kardec.

Ao final do encontro, Jeanne julgou que a reunião havia sido muito proveitosa, além de prazerosa. Depois que todos já haviam saído do salão, deixando Jeanne a sós com a amiga, ela finalmente pôde dar sua opinião sobre o que ocorrera.

– Querida, depois de um longo inverno, acredito que a partir de hoje você pode afirmar sem susto que é um passarinho que encontrou um ninho onde pousar...

– Você acha? Será que no seio dessa nova filosofia e rodeada por seus adeptos irei me sentir mais compreendida? – replicou Ermance, um tanto incrédula.

– Muito mais do que compreendida, querida! Você será necessária! Imagine o que alguém com os dons que você traz poderá realizar no seio de um grupo sério e cristão como esse! Quantas mensagens maravilhosas não surgirão por intermédio de suas mãos benditas! Quantas diferentes personalidades de vulto não poderão dar seus testemunhos e compartilhar sua sabedoria através de sua pena? Consegue imaginar a importância disso? – disse Jeanne, nitidamente entusiasmada com a ideia.

– Acha que *monsieur* Allan Kardec estava falando a sério? Que eles querem mesmo que eu participe de suas reuniões mediúnicas?

– Ermance! Estamos falando de pessoas ajuizadas, que têm um magnífico ideal a defender! *Monsieur* Kardec jamais faria um convite dessa importância se não tivesse a certeza de que você está à altura da responsabilidade que ele enseja! Pense nisso com carinho, querida amiga! Eis aí um futuro digno para o desenvolvimento de sua mediunidade! Uma nova maneira de tornar útil a um grande número de pessoas esse dom maravilhoso que Deus te deu!

– Você tem razão. Aliás, como sempre.

Jeanne abraçou a amiga ternamente, sentindo-se feliz por saber que sua irmãzinha estava encontrando pessoas que seriam capazes de compreender o quanto sua pupila era especial. Pessoas que não desacreditariam de sua honra ou de sua sanidade, que considerariam coisa natural que sua boca ou sua pena transmitissem o pensamento vindo do além, e que, ao contrário da descrente maioria, iriam respeitá-la e admirá-la por sua coragem em fazê-lo.

6

— O dia está tão bonito, Alfred! Acho que será agradável se tomarmos o desjejum no terraço. E, por favor, traga também os jornais...

— Sem dúvida, patrão. Providenciarei imediatamente — respondeu o empertigado mordomo, sem sequer cogitar mencionar o de fato de que a mesa do desjejum se encontrava imaculadamente servida à sala de refeições, aliás, como de hábito.

— Sabe se o doutor Watson já saiu?

— Ainda não. Ele deve estar descendo, senhor.

— Obrigado, Alfred. Faça a gentileza de avisá-lo de que estou a sua espera lá fora...

Era primavera e Arthur saiu para o terraço envidraçado para contemplar a vista do impecável jardim interno do palacete francês. A temperatura estava fria, de modo que ainda não era possível tomar o desjejum no pátio em frente à alameda, como sua mãe teria gostado de fazer.

"Velhos tempos!" A mão gelada da solidão ameaçou enregelar seu coração e, mesmo a contragosto, Arthur novamente se inquietou pela ausência de Edward.

82 | José Bento / Ada May

"Onde andará aquele poltrão!" – pensou. E, à vista dos primeiros botões de camélias, azaleias e amores-perfeitos de que estavam repletos os vasos ao seu redor, Arthur também se lembrou da bela Jeanne.

– Onde andará meu diamante francês?

– Falando sozinho, caro amigo?! – perguntou Watson, chegando de mansinho, sem produzir qualquer som.

– Seu gatuno! Aposto que andou treinando! – disse Arthur com um sobressalto. – Falo com essas maravilhosas flores primaveris...

– Sinto desapontá-lo, mas imagino que esses botões ainda estejam surdos! Tente novamente amanhã ou depois, quando já tiverem se transformado em belas flores, prontas para ouvi-lo...

– Posso saber por onde andava o doutor? Nesse passo de tartaruga irá se atrasar para a clínica...

– Olha quem fala! Saiba que eu estava na sala de refeições, tomando minha xícara de chá e lendo o jornal, justamente a sua espera, quando o pobre Alfred me avisou que 'vossa alteza' estava me aguardando no terraço. Sinceramente, Arthur, gostaria de saber quando você deixará de agir como um garoto mimado!

– Imagino que nunca, Edward. É mais forte do que eu! Agora, já que está aqui, aproveite a vista deste precioso jardim, parece até uma pintura de Rembrandt! – Arthur desconversou, – Um dia tão lindo assim merece ser desfrutado! *Carpe diem...*

Em seguida, Arthur pegou um dos vários jornais do dia, que jaziam na bandeja que Alfred havia deixado sobre a mesa. Foi no *Courrier de Paris*, justamente a coluna assinada por G. du Chalard, que falava algo que, sem qualquer piedade, daria cabo da felicidade que Davenport sentia naquela agradável manhã primaveril.

> O editor Dentu vem de publicar, há pouco tempo,
> uma obra muito notável; queríamos dizer muito curiosa,
> mas há dessas coisas que repelem toda qualificação banal.

O Cético | 83

O livro dos espíritos, do senhor Allan Kardec, é uma página nova do grande livro do Infinito, e estamos persuadidos de que se colocará um marcador nessa página. Ficaríamos desolados se cressem que fazemos, aqui, um reclamo bibliográfico; se pudéssemos supor que assim fora, quebraríamos nossa pena imediatamente. Não conhecemos, de modo algum, o autor, mas confessamos francamente que ficaríamos felizes em conhecê-lo. Aquele que escreveu a introdução, colocado no cabeçalho de *O livro dos espíritos*, deve ter a alma aberta a todos os nobres sentimentos.

Para que não se possa, aliás, suspeitar da nossa boa-fé e de nos acusar de tomar partido, diremos, com toda a sinceridade, que jamais fizemos um estudo aprofundado das questões sobrenaturais. Unicamente, se os fatos que se produziram nos espantaram, não nos fizeram, pelo menos, jamais dar de ombros. Somos um pouco dessas pessoas que se chamam de sonhadores, porque não pensam inteiramente como todo mundo. A vinte léguas de Paris, à tarde sob as grandes árvores, quando não tínhamos ao nosso redor senão algumas cabanas disseminadas, pensamos, naturalmente, de qualquer outro modo do que na Bolsa, no macadame dos bulevares ou nas corridas de Longchamps. Perguntamo-nos, com frequência, e isso muito antes de termos ouvido falar de médiuns, o que se passava nisso que se convencionou chamar "lá no Alto". Esboçamos mesmo, outrora, uma teoria sobre os mundos invisíveis, que havíamos guardado cuidadosamente para nós, e que ficamos bem felizes de reencontrar, quase inteiramente, no livro do senhor Allan Kardec.

A todos os deserdados da Terra, aqueles que caminham ou que caem, molhando com suas lágrimas a poeira do caminho, diremos: lede *O livro dos espíritos*, isso os tornará mais fortes. Aos felizes, também, aqueles que não encontram, em seu caminho, senão aclamações da multidão ou os sorrisos da fortuna, diremos: Estudai-o, ele vos tornará melhores.

O corpo da obra, diz o senhor Allan Kardec, deve ser reivindicado, inteiramente, pelos espíritos que o ditaram. Está admiravelmente classificado por perguntas e por respostas. Estas últimas são, algumas vezes, verdadeiramente sublimes, isso não nos surpreende. Mas não foi preciso um grande mérito a quem soube provocá-las?

Desafiamos os mais incrédulos a rirem lendo esse livro, no silêncio e na solidão. Todo o mundo honrará o homem que lhe escreveu o prefácio.

A doutrina se resume numa simples expressão: "Não façais aos outros o que não quereríeis que se vos fizesse". Estamos tristes que o senhor Allan Kardec não tenha acrescentado: "e fazeis aos outros o que gostaríeis que vos fosse feito". O livro, de resto, di-lo claramente, e, aliás, a doutrina não estaria completa sem isso. Não basta jamais fazer o mal, é preciso também fazer o bem. Se não sois senão um homem honesto, não haveis cumprido senão a metade do vosso dever. Sois um átomo imperceptível dessa grande máquina que se chama o mundo, e onde nada deve ser inútil. Não nos digais, sobretudo, que se pode ser útil sem fazer o bem; ver-nos-íamos forçados a vos replicar com um volume.

Lendo as admiráveis respostas dos espíritos, na obra do senhor Kardec, nos dissemos que aí haveria um belo livro para se escrever. Bem cedo reconhecemos que estávamos enganados: o livro está todo feito. Não poderíamos senão estragá-lo, procurando completá-lo.

Sois homem de estudo e possuís a boa fé que não pede senão para se instruir? Lede o livro primeiro sobre a doutrina espírita.

Estais colocado na classe das pessoas que não se ocupam senão de si mesmas, fazem, como se diz, seus pequenos negócios tranquilamente, e, não veem nada ao redor de seus interesses? Lede as "Leis Morais".

A infelicidade vos persegue encarniçadamente e a dúvida vos cerca, às vezes, com seu abraço glacial? Estudai o livro terceiro: "Esperanças e Consolações".

Todos vós que tendes nobres pensamentos no coração, que credes no bem, lede o livro inteiro.

Se se encontrar alguém que ache, no seu interior, matéria de gracejo, nós o lamentaremos sinceramente.

G. Du Chalard[6]

O advogado dobrou o jornal, tomou o último gole de sua xícara de chá e levantou-se para sair. Então, como se lembrasse de algo importante, deteve-se por um instante, indagando ao médico:

– Por acaso você sabe onde fica a livraria E. Dentu?

– Por acaso, sei. Fica no Palais Royal, mais exatamente na Galeria de Orléans, número 13.

– Ótimo! É aqui perto. Alfred, por favor, dispense o cocheiro, porque estou precisando caminhar um pouco para desanuviar as ideias... Até mais tarde, cavalheiros.

Como Arthur os deixou intempestivamente e sem dar maiores explicações, Edward pegou o jornal que o amigo abandonara sobre a mesa na esperança de encontrar uma pista que elucidasse aquele mistério matinal. Bastou uma passada de olhos sobre a página que o amigo lera ainda há pouco para encontrar a resenha do livro que decerto havia estragado seu dia.

O advogado caminhava pela larga avenida arborizada sem prestar a mínima atenção à beleza do entorno. Como um verdadeiro autômato Arthur seguiu pelas alamedas do Palais Royal

---

[6] O artigo acima foi retirado do primeiro número da *Revista Espírita*, publicada em janeiro de 1858.

até encontrar o majestoso corredor de colunatas que levava à entrada da Galerie d'Orleans.

Arthur perscrutou de alto a baixo as paredes repletas de livros, tentando adivinhar onde deveria estar aquilo que procurava. No entanto, não foi propriamente uma busca exaustiva, porque, numa das várias mesas ao centro da grande loja, encontrou uma pilha de exemplares do *Le livre des esprits*, exatamente ao lado de um livro aberto da *Trilogie de la rota ou Roue célest*, um compêndio relacionado à astrologia e à cabala.

– Aquele ali, por favor... – assim Arthur C. Davenport pagou exatos três francos por seu exemplar de *O livro dos espíritos*, saiu da galeria às pressas e novamente cruzou sem ver o magnífico caminho entre as colunatas. Depois, com o livro sob o braço, andou sem rumo pelas ruas em torno da galeria até encontrar um pequeno café onde finalmente pudesse ficar para apreciar o conteúdo do que considerava como a bíblia da ignomínia.

O dia passou numa sequência de horas sucessivas, sem que ele sequer as notasse. Foi devorando o livro, capítulo a capítulo, que Arthur consumiu a manhã e a tarde inteiras, juntamente com uma coleção de xícaras de chá. Somente quando o garçom se aproximou para limpar seu cinzeiro pela quarta vez, que Arthur puxou do bolso do colete o Patek-Fellipe de ouro que um dia pertencera a seu pai e tomou um susto com o avançado da hora.

– Aleluia! Não é que já passa das cinco! – chamou o garçom, pagou a conta e saiu do café como se estivesse sendo perseguido por uma nuvem de marimbondos.

Mesmo tendo voltado para casa, Arthur também não apareceu para o jantar e sequer abriu a porta quando Alfred levou um lanche ao escritório onde tinha se enfurnado.

Passava muito da meia-noite quando Watson, cansado de esperar que o amigo desse o ar da graça, decidiu que bastava de tanto mistério. Bateu à porta do escritório com a determinação do médico que sinaliza uma invasão por emergência. O estratagema funcionou, porque imediatamente Arthur destrancou a porta e mandou que o amigo entrasse.

Mal chegou, Watson foi engolfado por uma nuvem de fumaça tão espessa que poderia ser cortada com uma faca. Andou meio às cegas até a janela mais próxima, que abriu de par em par, e, ainda não contente com a providência, começou a abanar os braços furiosamente, na tentativa de empurrar a nuvem de fumaça para fora do recinto.

– Watson, por favor, não exagere... – implicou o amigo.

– Só estou tentando trazer um pouco de ar respirável para este antro de tabagismo inconsequente! – respondeu o médico, tentando respirar em meio àquela armadilha de alcatrão e nicotina. Arthur ria do desespero do amigo.

– Watson, faça-me o favor de parar de se comportar como uma velha aia! Caso contrário, vá respirar lá fora!

Mas antes que Edward pudesse pensar numa resposta à altura do desaforo, Arthur arremessou um livro contra sua cabeça. Sorte que o médico gozava de excelentes reflexos e conseguiu aparar a pancada com uma das mãos, enquanto agarrava o artefato com a outra, evitando que se estatelasse no chão.

– *O livro dos espíritos*, por Allan Kardec – disse ele, lendo em voz alta o título gravado na capa de couro.

– Acredite-me, li-o inteirinho, asneira por asneira! Um compêndio de absurdos e idiossincrasias sobre o sobrenatural, compilados por um lunático que acredita que os espíritos dos mortos voltam do túmulo para atormentar a vida dos vivos, ditando calhamaços de besteiras aos nossos pobres ouvidos! Como se já não bastassem os vivos proferindo asneiras a mãos cheias, agora teremos que ouvir o palavrório regurgitado pelo além!

Watson procurou pela poltrona mais próxima, intuindo que pelo volume do estardalhaço aquela conversa insana seguiria noite dentro. Depois de se sentar confortavelmente, o médico fez um comentário somente para dar prosseguimento à conversação, porque, conhecendo o amigo que tinha, já sabia qual seria a resposta:

– Imagino que também tenha pesquisado o autor...

88 | José Bento / Ada May

– De A a Z. O pior você não imagina: não estamos falando de um zé-ninguém, de um idiota qualquer! Esse pseudônimo, Allan Kardec, aliás deveras ridículo, esconde a face de um respeitado educador cujos livros didáticos estão publicados por toda França! Fico me perguntando, como é possível que um homem que foi discípulo do renomado educador suíço Johann Heinrich Pestalozzi se preste a fazer tal papel?

Watson ouviu calmamente as vociferações de seu companheiro e, depois de considerar por um longo minuto, respondeu com outra pergunta:

– Posso saber qual é a razão de tanta veemência no combate ao pobre escritor?

– Por favor, Watson! Sua inteligência privilegiada ainda não percebeu que esse homem é muito pior do que um simples crente? Que ele é muito mais virulento do que um líder religioso qualquer? Justamente porque é falando como pedagogo e cientista que ele pretende convencer a sociedade de que usou métodos científicos para elaborar e justificar essa insana filosofia! Ele não se proclama um profeta dos novos tempos, mas um cientista e pesquisador que descobriu uma nova área de atuação científica! Ele pretende que seu estudo, este verdadeiro compêndio da loucura, seja levado a sério pela ciência formal!

O advogado irado se exaltava cada vez mais à medida que discursava. De súbito, levantou-se e começou a caminhar em círculos pela sala como se fosse um leão enjaulado.

– Afirmo-lhe que, sem sombra de dúvida, esse pedagogo inconsequente é um traidor da ciência! Com a propagação das ideias infames que esse maldito livro pretende disseminar, ele conspurca a Grande Academia Francesa e seus mestres! Essa figura funesta deve ser combatida em nome da lógica e da racionalidade!

"Garanto-lhe que não pouparei esforços para desmoralizá--lo frente à opinião pública. Hei de transformar esse homem no inimigo público número um da França! Quiçá, do mundo inteiro!"

O Cético | 89

Sem dizer palavra, o médico também se levantou e perseguiu o homem enfurecido pela sala até fazê-lo sentar-se novamente em sua poltrona. Depois, pôs a mão sobre a fronte do amigo e afirmou categórico:

– Você está febril. Bem que desconfiei de tanto ardor! Vou pegar minha maleta para medicá-lo. E, por favor, chega disso por hoje! – disse Watson, balançando o exemplar de *O livro dos espíritos* diante de seu olhar esgazeado. – Tente descansar e não pensar em nada. Volto num instante...

Watson cumpriu com o prometido, voltou rapidamente e trouxe o mordomo fidelíssimo a tiracolo, pensando que talvez precisasse de ajuda para convencer o rebelde paciente a cooperar. Finalmente, os dois juntos conseguiram convencê-lo a descansar.

No dia seguinte, ainda bem cedo, o doutor passou pelo quarto de seu paciente para novamente medir sua temperatura. Esperava ter que acordá-lo e por isso trazia na ponta da língua um discurso terapêutico que pudesse justificar tamanho inconveniente.

No entanto, Watson encontrou o quarto vazio. Seguiu adiante no corredor repleto de portas até parar diante do escritório, onde se deparou com o amigo completamente vestido. Sentado diante da imensa mesa de carvalho maciço, Arthur escrevia freneticamente.

– Com esse nível de atividade, você terá que contratar um secretário... – observou o médico, falando alto diante da porta entreaberta.

– Tem razão, caro amigo. Tenho a mão dormente de tanto escrever! – Arthur apontou para uma pilha de cartas fechadas sobre a bandeja de prata, à espera de Alfred, que viria buscá-las assim que o mensageiro chegasse.

– Estou escrevendo praticamente a todo mundo que valha a pena! Estou planejando uma verdadeira ofensiva da opinião pública contra o escritor que deseja institucionalizar a loucura por toda a França! Vou iniciar uma nova cruzada contra o herético que deseja arrancar do descanso eterno de seus túmulos nossos pobres antepassados!

Watson pegou o maço de cartas e passou a conferir os destinatários; entre eles, vários jornais franceses e ingleses, além de uma enormidade de sobrenomes importantes, desfilaram diante de seus olhos. Havia editores, advogados, juristas, médicos e até mesmo alguns renomados professores de Oxford, onde Arthur se formara. Enfim, a elite intelectual de vários países estava sendo convocada em peso por Arthur C. Davenport, com o objetivo de repudiar *O livro dos espíritos* juntamente com seu autor, Allan Kardec, inventor da tresloucada doutrina dos espíritos.

– Não estou vendo o nome do arcebispo de Paris... – ironizou Watson, depositando o calhamaço de volta à sua bandeja.

– Pois não pense que o esqueci. É justamente esta aqui que acabo de assinar... – respondeu Arthur, terminando de comprimir o mata-borrão por sobre o arabesco de sua ilegível assinatura.

– Caro amigo, sem dúvida que invejo tanta volúpia e determinação na defesa de uma causa, mas, nesse caso em particular, você não acha que está exagerando?

– Absolutamente, não. Grandes ameaças exigem medidas equivalentes. Agora, vamos tomar o desjejum, que estou morto de fome!

Naquela manhã, Alfred saiu do escritório de seu patrão às pressas, afobado para desincumbir-se da tarefa de chamar um mensageiro que levasse ao correio a volumosa correspondência do dia. Foi somente depois de conseguir ficar novamente a sós em seus domínios que Arthur teve sua brilhante ideia:

"Não será melhor enviar às redações dos jornais um exemplar da ignóbil obra para facilitar o acesso à informação que desejamos combater? É certo que, com o livro em mãos, a resenha negativa surgirá mais rápida!"

O CÉTICO | 91

Foi com esse pensamento obsessivo borbulhando na mente que Arthur novamente tomou o rumo da livraria. Estava decidido a captar o maior número possível de aliados para sua nobre causa – o combate ao espiritismo – e faria o que estivesse ao seu alcance para atingir seu objetivo, mesmo que tivesse de declarar a guerra, cavar as trincheiras e providenciar os mosquetes e a munição para armar seu exército.

Em abril, os dias ainda estavam frios, mas impecavelmente bonitos. Como tinha pressa, desta vez o advogado não dispensou o cocheiro.

Entrou como um furacão na livraria E. Dentu à procura de um vendedor, mas não encontrou nenhum à disposição no balcão. Impaciente, tratou de ir ele mesmo até a grande mesa localizada no meio da loja, onde estavam expostos os exemplares da bíblia do demônio.

Entretanto, para sua grande surpresa, ao se aproximar da pilha de livros, Arthur identificou a elegante jovem que vira noutro dia, na última visita que fizera à Faculdade de Medicina. Aproximou-se sem hesitar, o nome da donzela queimando na ponta da língua:

– *Mademoiselle* Maginot! Que coincidência agradável encontrá-la aqui... – disse ele, fazendo uma elegante mesura. – Arthur C. Davenport, advogado. Lembra-se de mim? O amigo do doutor Watson? Tive o prazer de ser apresentado à senhorita quando estive em visita à faculdade... – explicou, com o olhar ansioso preso ao rosto da jovem beldade.

– Claro, *monsieur* Davenport! Afinal, Paris é uma pequena província... – a jovem brincou, obviamente reconhecendo-o.

De súbito, um riso cristalino, quase infantil, encheu a sala e uma jovem esguia e muito loura saiu detrás de uma estante de livros:

– Está aqui, Jeanne! Encontrei uma mesa repleta com o novo livro de *monsieur* Allan Kardec! – e, no mesmo instante, Jeanne puxou a amiga pelo braço para apresentá-la ao distinto cavalheiro inglês.

– Esta garota risonha e linda é Ermance Dufaux, minha querida amiga!

Bastou ouvir aquele nome tão temido para Arthur sofrer um sobressalto e, num reflexo automático, puxar de volta a mão que estendera segundos antes a fim de cumprimentar a jovem.

Pega de surpresa, Ermance olhou para cima, tentando abarcar com a vista o homem enorme que permanecia ancorado a sua frente. Parecia um *iceberg* traiçoeiro que tivesse inesperadamente surgido em meio ao oceano. Nesse instante, como se um relâmpago riscasse o céu de sua mente, uma lembrança finalmente surgiu:

"Era alguém terrivelmente alto e a sobrecasaca negra que trajava ajudava a criar a ilusão de que fosse ainda mais longilíneo. A garota franzina fitava-o como se estivesse à sombra de um maciço rochoso, tão ameaçador quanto inalcançável."

O gigante trazia no semblante de pedra a mesma expressão de fúria e asco que Ermance vira em seu pesadelo algum tempo atrás. Imediatamente, seu corpo todo se preparou para a fuga em reação à animosidade que brotava dele. Instintivamente, a jovem deu dois passos para trás, mas parou em seguida, nitidamente paralisada de medo.

– Ermance Dufaux! Você é uma fraude! Não me importa nenhum um pouco a influência nefasta que venha a exercer sobre as pessoas importantes deste país! Vou provar a todos que, apesar de seu irretocável *pedigree*, você não passa de uma farsante como tantos outros autointitulados médiuns! Leve o tempo que for preciso, mas juro pela minha honra que irei desmascará-la! E também a seu mentor na arte da necromancia, esse pulha alcunhado de Allan Kardec!

Depois de propagar seus insultos aos quatro ventos parisienses, o advogado girou sobre os próprios calcanhares e saiu marchando pela porta afora sem sequer olhar para trás, deixando completamente boquiaberta a pequena audiência que tivera o desprazer de presenciar a cena dantesca.

De repente, pareceu a Ermance que o chão estava se abrindo a sua frente. Inutilmente ela tentou protestar, porque a voz lhe faltou e o ar fugiu de seus frágeis pulmões. Em decorrência, o mundo ao seu redor começou a girar e a enegrecer até desaparecer por completo.

– Ermance! Responda, por favor! – e Jeanne, que estava ao lado da pobre moça, teve a presença de espírito de segurá-la antes que ela caísse desacordada sobre o piso de mármore. – Alguém me ajude aqui! *Mademoiselle* desmaiou!

Imediatamente, o livreiro e seu ajudante, mais dois clientes da livraria correram para socorrer a jovem. Num instante, colocaram-na sentada numa poltrona enquanto vários pares de mãos a abanavam sem parar. Jeanne sentiu seu pulso e percebeu que, apesar do susto, seu coração batia lépido e forte como o de uma corsa; aos poucos, Ermance foi reabrindo seus belos olhos, azuis como duas safiras, até recobrar completamente o ânimo.

– Graças a Deus! *Monsieur* Antoine, faça a gentileza de mandar chamar nosso cocheiro que está parado logo ali na esquina! Precisamos voltar para casa agora mesmo!

Num instante a caleça chegou e os gentis cavalheiros da livraria, hipnotizados pela beleza e pela fragilidade da princesinha, continuaram ajudando até ter certeza de que ela estava bem acomodada. Somente quando o veículo deixou a cidade e pegou a estradinha que as levaria de volta ao castelo dos Dufaux foi que as duas voltaram a conversar.

– Jeanne, como é possível que conheça aquele ser monstruoso?

– Na verdade, não se pode dizer que o conheça... Fomos apenas apresentados numa visita que fiz à faculdade de medicina para assistir à aula do professor Charcot! Do monstro, propriamente dito, sei apenas o nome, nada mais...

– Imagina o motivo que ele possa ter para me odiar tão profundamente? – perguntou a garota, com lágrimas descendo por seu rosto de ninfa.

94 | José Bento / Ada May

– Claro. Você ousa ser diferente da maioria. Ousa dar testemunho sobre ideias novas, consideradas heréticas pela maioria vigente! É a prova viva da existência dos espíritos, o que demonstra através de fenômenos ainda desconhecidos dos ignorantes! Você ousa tudo isso, mesmo sendo apenas uma mulher! E, como se não bastasse, ainda é rica, jovem e bela como Helena de Tróia! Você é absolutamente insuportável, Ermance Dufaux! Acho que, se não fosse minha irmãzinha do coração, também a odiaria...

Ermance balançou negativamente a cabeça, sacudindo os luminosos cachos louros para lá e para cá, como uma menininha encabulada. Depois, enxugou as lágrimas e acabou sorrindo, mas foi somente para tranquilizar sua amiga.

– Assim que se faz! Agora, preste atenção ao que digo: você é uma guerreira da luz! E não será um ogro imundo como esse que irá apagar sua excelsa luminosidade. Esqueça esse sujeito asqueroso! Simplesmente apague-o de sua mente e não pense nele nunca mais!

Durante um bom tempo, o silêncio só foi quebrado pelo ruído do galope da parelha de cavalos que conduzia a caleça. Foi somente quando o contorno do imponente castelo dos Dufaux surgiu no horizonte que Ermance voltou a falar:

– Jeanne, por favor, não conte nada disso a ninguém. Na verdade, acho que sinto vergonha por despertar esse tipo de reação nas pessoas. Sei que você não concorda, mas é como se eu fosse a anã barbada do circo cigano...

– Amiga, é claro que farei o que me pede, mas imagino que saiba que isso que acabou de dizer é uma grande bobagem...

Ermance não respondeu, preferiu fixar o olhar na bela paisagem campestre que desfilava diante de sua janela. Porém, apesar de tentar ser forte, por duas vezes teve que limpar as lágrimas teimosas que insistiam em correr por seu rosto.

Jeanne também fitava sem ver a bela paisagem campestre. No íntimo, não estava se sentindo propriamente triste, mas zangada. Estava brava como a onça a que se tivesse ferido um filhote. Seu coração rosnava de raiva dentro do peito oprimido enquanto ela pensava:

"Esse duende imbecil vai pagar caro pelo ultraje que causou à minha Ermance! Juro por esse sol que me ilumina que essa história não vai acabar aqui!"

7

Paris, França.
Maio de 1857.

Naquela manhã, o dr. Watson saiu cedo para ir à clínica, onde tinha várias consultas marcadas que fatalmente ocupariam o dia inteiro. Como chegou atrasado, andou apressadamente até seu próprio consultório sem reparar em nada e ninguém. Somente depois de já ter atendido cerca de dois pacientes foi que observou que havia uma nova assistente em sua antessala. E depois de prestar um pouco mais de atenção, ele percebeu que a voz da jovem era algo familiar. Por isso, assim que foi possível, tratou de ir averiguar:

– *Mademoiselle* Jeanne Maginot! Que grata surpresa encontrá-la por aqui... – disse o médico, verdadeiramente surpreso ao vê-la sentada atrás da mesa da recepção.

– Prazer em revê-lo, doutor! Deve estar imaginando o que me trás aqui, pois não? Com certeza conhece o dr. Foucault, diretor da clínica?

– Sim, claro! E, se não me falha a memória, ele é seu tio...

– Isso mesmo. Ele permitiu que eu viesse observar o cotidiano dos profissionais na clínica, na categoria de voluntária, a fim de ampliar minha formação acadêmica...

97

98 | JOSÉ BENTO / ADA MAY

– Que ótimo! E a senhorita está estudando o que em particular?

– Medicina. Pretendo aprender principalmente sobre as doenças nervosas e mentais...

– Sou clínico geral, mas pode contar comigo para ajudá-la no que for possível! Desculpe a indiscrição, mas, como dizem por aí, a curiosidade é quase sempre infame... – disse Edward, e se arrependeu em seguida.

"Atenção, caro doutor! Você está usando a língua antes do cérebro..."

"Isso é o que diria Arthur, se pudesse me ouvir neste instante!" – pensou o médico.

– Pode perguntar à vontade! – respondeu Jeanne, abrindo um radiante sorriso que iluminou a sala.

– Se a senhorita está trabalhando aqui na clínica, imagino que não estará mais à disposição de *mademoiselle* Dufaux...

Em resposta, Jeanne deu uma bela gargalhada:

– Desculpe o riso, mas não pude evitar! Este comentário é por certo hilariante! Ermance está bem grandinha, doutor! Fui sua professora por um longo período, mas, agora, sou apenas sua mais dedicada amiga! No presente momento, sua educação formal está a cargo de excelentes professores e todos pertencem à Real Academia Francesa.

– Claro, é natural que seja assim... Desculpe-me o equívoco... – respondeu o pobre doutor, ficando rubro como um tomate cereja.

– Acho que nos conhecemos numa aula do professor Charcot, não foi? – ela disse, procurando mudar de assunto para dissipar qualquer mal-estar. – Imagino que o senhor também tenha interesse no estudo das doenças mentais e dos distúrbios psíquicos. Estou certa?

– Isso mesmo! Sobretudo no uso das novas técnicas, como o hipnotismo e o magnetismo, que também são objeto de estudo do prof. Charcot.

– Se o senhor tem interesse no estudo do magnetismo, decerto também deve ter ouvido falar de Allan Kardec, que é praticamente um especialista no assunto... – porém, nem bem terminara a frase, Jeanne já havia se arrependido do que dissera, justamente porque lembrou que o acompanhante do dr. Edward Watson na malfadada aula pública onde haviam se conhecido era ninguém menos que 'o monstro de cartola e sobrecasaca', também chamado Arthur C. Davenport.

No entanto, como tinha começado o assunto, Jeanne achou melhor ter a firmeza de caráter necessária para encerrá-lo. Ergueu o queixo para melhor afirmar sua petulância e disse:

– Talvez seja melhor não mencionar esse nome na sua presença, a fim de evitar uma possível reação estapafúrdia, como a que teve seu amigo ainda outro dia. E, peço que me perdoe a sinceridade da opinião, mas trata-se de alguém agressivo e potencialmente perigoso...

Uma verdadeira interrogação estampou-se na fisionomia de Edward, que não estava entendendo nem uma palavra daquela estranha conversa. Assim, o médico achou mais prudente esclarecer o assunto antes de inadvertidamente envolver-se naquela confusão:

– Sinto muito, *mademoiselle*, mas não compreendo... Sobre o que exatamente estamos falando?

– Percebo que o senhor não está a par do ocorrido. Será porque seu amigo advogado não teve a coragem necessária para contar que usou de toda sua arrogância e falta de educação para aterrorizar a pobre Ermance, quando nos encontrou na livraria E. Dentu? Ainda bem! Pelo menos esse demônio de cartola não se vangloria das grosserias que faz! Desculpe ter tocado no assunto, é que imaginei que, como são amigos, o senhor já tivesse ouvido falar sobre esse infeliz episódio... Agora, com sua licença, estou vendo que seu próximo paciente acaba de chegar. Devo orientá-lo e acompanhá-lo ao consultório...

Em seguida, Jeanne conduziu o novo paciente à sala do doutor, que ficou com a pulga atrás da orelha durante toda a consulta. Porém, quando ele finalmente conseguiu desvencilhar-se de seus afazeres e saiu à procura de Jeanne, descobriu que a jovem tinha partido.

100 | José Bento / Ada May

Naquela noite, Watson rumou diretamente para casa e sem demora procurou por Arthur em seu escritório, desejoso de esclarecer aquele mistério. Bateu na porta e, sem esperar por resposta, foi entrando:

– Boa noite, Arthur. Está ocupado ou podemos conversar um instante?

O advogado pousou a pena sobre o tinteiro e só depois voltou sua atenção para o recém-chegado:

– Sempre às suas ordens, caro Watson. Aliás, como foi o seu dia? O meu foi muito produtivo! Fiz contato com o editor de um importante jornal na Filadélfia que, ao contrário de seus compatriotas, não compartilha com a ascensão da filosofia dos lunáticos espíritas na sociedade americana!

– Que bom que tocou nesse assunto. Adivinhe quem tive o prazer de reencontrar hoje na clínica... – em resposta, Arthur empurrou uma cadeira na direção do amigo. – *Mademoiselle* Jeanne Maginot. Ela está trabalhando como voluntária, graças às benesses de seu tio, o dr. Foucault – disse Edward, tomando assento do lado oposto da mesa.

Arthur nada disse, apenas remexeu-se em sua poltrona, visivelmente incomodado com o rumo enviesado daquela conversa.

– Pelo visto, você se esqueceu de me contar que encontrou as senhoritas Jeanne e Ermance, na visita que fez à livraria E. Dentu. Onde, aliás, o senhor andou causando alguma confusão...

Por um momento o rosto do advogado ostentou um ar culpado, que foi rapidamente disfarçado atrás de uma nuvem de aborrecimento. Assim, com a fisionomia devidamente adaptada, ele partiu para o ataque:

– Parece que já há uma rede de intrigas muito bem urdida contra minha pessoa, logo, não há nada que eu possa dizer em minha própria defesa...

– Ledo engano, caro amigo. A senhorita Jeanne apenas mencionou o nefasto encontro que teve consigo na livraria. Aterrorizante, segundo suas próprias palavras, mas, infelizmente, ela não quis me dar maiores detalhes sobre o ocorrido. Apenas salientou que seu comportamento foi realmente desagradável. Agora, você mesmo vai me contar o que aconteceu por lá...

Arthur concordou com um gesto de cabeça, em seguida, serviu-se de uma dose dupla de uísque, pegou um charuto cubano da caixa de madrepérola que ficava costumeiramente sobre a mesa, cortou fora a ponta excedente, acendeu-o e deu uma baforada capaz de nublar o ambiente. Esperou o minuto necessário para que se passasse a tradicional sequência de tossidelas e abanadas do amigo e só depois começou a falar:

– Há muito pouco para contar e certamente nada do que me orgulhar. Na verdade, *mademoiselle* Jeanne está absolutamente certa na descrição de um comportamento que pode ser resumido com a palavra desprezível...

– Tão ruim assim? – perguntou Edward, incrédulo.

– Pior. Com certeza você se envergonharia deste seu velho amigo. Lamento dizer, mas não sei explicar o que deu em mim naquele dia! Agi como um bruto, um alucinado ou coisa que o valha. Quando ouvi o nome daquela médium, Ermance Dufaux, um vagalhão de indignação me dominou por completo! Depois de muito refletir, penso que descarreguei sobre a pobre jovem todo o rancor que vinha acumulando desde aquele incidente passado em Londres, quando desmascaramos Georges e seus comparsas! Disse coisas abomináveis para a jovem *lady*, e não me peça para repeti-las, porque fiz questão de apagá-las da memória! Foi uma atitude realmente imperdoável...

– Por Deus! Isso é mil vezes mais grave do que eu teria imaginado! Agora, posso saber o que você pretende fazer para se redimir desse vexame?

Surpreso, Arthur estreitou seus olhos negros, que, afiados como facas de obsidiana, faiscaram de desagrado ao ouvir um tamanho absurdo.

– Para ser sincero, caro Edward, não pretendo fazer absolutamente nada a respeito. O que o levou a crer que eu faria? – perguntou o advogado, que com o charuto em punho espalhava pela sala rolos de fumaça esbranquiçada que pouco a pouco iam empesteando o ar à sua volta.

Watson aproveitou o ímpeto de indignação que aquela conversa lhe inspirava para saltar da cadeira e abrir a janela. Em seguida, sentou-se novamente para empreender um demorado discurso, bem ao estilo do velho e bom samaritano:

– Utilizarei um recurso de que gosta muito: uma lista de motivos! Primeiro, porque reza a lenda que um verdadeiro cavalheiro deve se desculpar por seus erros, sejam eles grandes ou pequenos. Segundo, porque *mademoiselle* Jeanne me pareceu bastante aborrecida com essa desagradável ocorrência envolvendo sua grande amiga... Logo, não imagino como será possível para você tornar a vê-la, a não ser que promova imediatamente um pedido de desculpas muitíssimo convincente!

– Posso saber de onde tirou a ideia de que desejo revê-la? Decerto que passarei muito melhor sem ter que desfrutar de sua intempestiva companhia...

– Aposto que não! Porque seu comportamento macambúzio dos últimos dias me leva a crer exatamente no contrário do que está dizendo agora! Tenho certeza de que seu coração foi absolutamente seduzido pela encantadora personalidade de *mademoiselle* Jeanne. Somente depois que descobriu que ela sofria do gravíssimo defeito de ser amiga da famosa médium, a jovem Ermance Dufaux, é que você mudou de ideia!

"Portanto, imagino que é esse orgulho maldito que está nublando seu discernimento. Creia-me, sou seu amigo desde sempre e não me lembro de nenhuma outra ocasião em que você tenha ficado tão interessado em alguém do sexo oposto! No andar dessa carruagem, até que isso aconteça novamente, já serei um ancião! Se eu fosse você, pensaria seriamente nisso, para que não venha a se arrepender mais tarde. Lembre-se de que joias do quilate de Jeanne Maginot não costumam ficar expostas na vitrine da joalheria por muito tempo! Num instante há de chegar alguém com talento suficiente para arrebatá-la! Já você continuará solitário e mal-humorado como sempre.

Watson parou um instante para tomar fôlego, mas em seguida voltou à carga:

– Agora, preste atenção! Mesmo sabendo que você não merece, vou lhe dar uma valiosa informação: há tempos que Jeanne não é mais professora de Ermance, justamente porque está estudando medicina na Faculdade de Paris, além de atuar como voluntária na clínica! Eu nem sabia que isso era possível, mas imagino que nesse 'novo mundo' em que estamos vivendo tudo seja uma questão de berço ou preço. Agora, com sua licença, vou me preparar para o jantar. Encontrarei-o lá embaixo, às oito em ponto, como Alfred aprecia.

Boquiaberto, Arthur observou o amigo deixar a sala intempestivamente, fechando ruidosamente a porta atrás de si.

"Por Júpiter! Não é que desta vez ele ficou bravo de verdade! Quem diria, não é que o bom doutor finalmente perdeu sua santa paciência com este burro chucro!"

Naquela noite, o jantar transcorreu no mais frustrante silêncio, certamente por culpa do médico, que não estava com a menor vontade de conversar. Os dois amigos encerravam a noite tomando um cálice de xerez, quando Arthur finalmente decidiu quebrar o gelo entre eles:

– Caro Watson, nunca pensei que diria isso, mas neste caso específico você está certo, absolutamente coberto de razão... – uma afirmação que Edward recebeu com um susto e um belo engasgo, seguido de um sofrido acesso de tosse.

– Você está certo quando diz que devo um pedido de desculpas às duas senhoritas... – continuou Arthur enquanto dava tapinhas nas costas do amigo. – Só não sei se terei uma oportunidade de fazê-lo, porque imagino que elas não queiram me ver nem mesmo coberto de ouro.

Edward ficou calado por um longo momento, apenas fitando o líquido âmbar de seu pequeno cálice, até que finalmente decidiu compartilhar seus pensamentos:

– Se me prometer que agirá como um autêntico *gentleman*, posso tentar convencer *mademoiselle* Jeanne a encontrar-se consigo... Se contarmos com os favores da sorte e o bom uso de sua lábia, talvez ela venha a perdoá-lo...

– Promessa feita, meu capitão! – disse Arthur, erguendo a mão à altura da cabeça e batendo continência.

– Arthur, Arthur! Por favor, não me decepcione!

O médico foi brindado com um sorriso travesso, desses que vão de orelha a orelha, mas que de forma alguma costumam inspirar confiança.

Na clínica, Watson esperou pacientemente que surgisse uma boa oportunidade para tentar convencer Jeanne a aceitar o convite de Arthur. E, quando finalmente a ocasião surgiu, a resposta que recebeu não foi nada agradável:

– Doutor, o senhor terá que me desculpar, mas não tenho planos presentes ou futuros de sofrer o dissabor de reencontrar esse cavalheiro. E, por gentileza, avise *monsieur* Davenport que, se o avistar no passeio público, farei de conta que nunca tive o desprazer de conhecê-lo e mudarei de calçada.

Diante de um quadro tão grave de rejeição, Watson se viu obrigado a avisar Arthur de que não havia mais nada que pudesse fazer para ajudá-lo.

– Meu conselho é que deixemos o tempo passar... Quem sabe, no futuro, ela não estará mais disposta a perdoá-lo... – sugeriu o médico, tentando ser otimista.

Assim, os dias foram se sucedendo no calendário pousado sobre a mesa de trabalho do advogado, sem que Watson trouxesse nenhuma notícia positiva. Isso porque Jeanne continuava firme no propósito de manter-se à distância do advogado neurastênico.

O problema é que para Arthur C. Davenport essa orgulhosa rejeição doía mais do que uma adaga fincada no peito. O advogado mimado, rico e poderoso não estava habituado a receber negativas.

Finalmente, numa ensolarada manhã de maio, Arthur teve um verdadeiro acesso de raiva. Possesso, ele arremessou os objetos de sua mesa de trabalho na parede e, literalmente, arrancou tufos de cabelo da própria cabeça. Porém, depois que Alfred finalmente conseguiu acalmá-lo com várias xícaras de chá com conhaque, Arthur colocou a cabeça dolorida para pensar e acabou tendo uma brilhante ideia para resolver a queda de braço com a francesinha birrenta.

Decidiu que a culpa de seu insucesso era toda de Watson, que não estava sendo suficientemente persuasivo. Arthur estava farto de esperar placidamente, mas também não estava pronto para desistir de conquistar um novo troféu. Nessa altura da disputa, conseguir um encontro com Jeanne Maginot era uma questão de honra.

"Talvez seja necessário tomar uma atitude mais firme a fim de convencer essa francesinha teimosa a capitular!" – pensou Arthur, num arroubo de sua peculiar energia.

Assim motivado, ele ordenou ao cocheiro que o levasse à floricultura mais refinada de Paris e, lá chegando, comprou todos os arranjos de flores disponíveis na loja. Em seguida, deu ao vendedor instruções muito específicas:

– Uma nova rodada de flores deverá ser entregue todos os dias neste endereço, até que eu ordene o contrário – e Arthur entregou ao balconista um pedaço de papel com o endereço da residência de Jeanne, que conseguira facilmente graças à sua habilidade como investigador.

– Agora, me passe aqueles cartões em branco, por favor... – e rapidamente escreveu algumas linhas:

> *Caríssima* mademoiselle *Jeanne Maginot,*
> *É de vital importância que aceite encontrar-se comigo*
> *o quanto antes!*
> *Aguardarei sua resposta pelo portador,*
> *Arthur C. Davenport*

O altivo advogado leu e releu o cartão várias vezes, convencido de que seu tom imperativo não combinava nem um pouco com a finalidade do convite, mas foi incapaz de reescrevê-lo. Afinal, se ele desejava encontrá-la, nada seria mais natural do que a jovem dama aceitasse a gentileza de seu convite sem mais delongas.

Passaram-se longos nove dias e o estratagema urdido por Arthur não surtiu nenhum efeito prático.

"Se é guerra que a senhorita quer, é guerra que terá!" – e o advogado mandou que a remessa de flores fosse duplicada até segunda ordem.

Assim foi feito, até que, no décimo-quinto dia, quando o entregador de flores chegou à casa de Jeanne para deixar sua remessa diária de flores, a jovem interceptou a criada e foi atender à porta pessoalmente:

– Por favor, leve de volta essas flores! Já basta de tantas flores! Não temos espaço na casa, tampouco nas vizinhanças para acomodá-las! E não se esqueça de entregar essa mensagem ao seu patrão... – pediu ela, esticando um diminuto envelope cor de pêssego. E, quando o entregador ia voltando para sua carroça ainda repleta de flores, Jeanne frisou:

– Não esqueça: chega de flores! Esta casa está parecendo o velório de um bispo! – e, assim dizendo, a jovem nervosa fechou a porta com violência, rejeitando as flores que já não tinha mais onde colocar.

– O cavalheiro que envia estas flores é deveras persistente, pois não? Será algum tipo de lunático romântico? Diga se devo me preocupar com isso...

Jeanne quase morreu de susto ao ouvir o comentário de seu pai, que a observava friamente, parado às suas costas.

– Sim, ele é muito teimoso, papai. Mas não se trata de romantismo, absolutamente. Está mais para uma queda de braço entre duas vontades. Pode ficar tranquilo, o senhor não precisa se preocupar com nada... – disse Jeanne, e sorriu meigamente, tentando acalmar seu pai.

– Decerto que o remetente também é bem rico para gastar tanto dinheiro somente para chamar sua atenção!

– Não é nada disso que o senhor está pensando, papai! Não há nenhum aspecto romântico nisso; trata-se de uma disputa meramente diplomática entre dois turrões! No entanto, o senhor pode ficar tranquilo porque irei resolvê-la muito em breve!

– Só espero que essa pendência seja resolvida à luz do dia, num lugar público e com a companhia de sua ama!

– Certamente, papai! Certamente! – respondeu a filha, visivelmente ruborizada.

No dia e lugar determinado por Jeanne, uma muito aprazível e refinada cafeteria à *rue* Sainte-Anne, Arthur C. Davenport finalmente foi ao encontro de sua musa. Na verdade, o advogado havia chegado com um quarto de hora de antecedência, tamanha era sua ansiedade com o encontro tão aguardado. De súbito, quando Jeanne surgiu à porta, irresistivelmente gloriosa num translúcido vestido de musselina verde-água, pareceu que o ar lhe faltava.

"Controle-se, imbecil! Pelo amor de Deus, tente aparentar alguma indiferença!"

Foi com dificuldade sobre-humana que Arthur conseguiu manter o ar *blasé*, autenticamente inglês, na tentativa de ocultar seu real nervosismo e entusiasmo.

Por uma boa meia hora o casal ocupou-se apenas com o ritual social de elogiar o lugar, de escolher o chá e destacar a excelência de sequilhos e *croissants*. Até que Arthur decidiu deixar os rodeios para quem gostasse deles e partiu diretamente para a discussão do assunto que realmente o interessava:

– Como a senhorita deve ter imaginado, a verdadeira razão para encontrá-la hoje, além do privilégio de desfrutar sua aprazível companhia, é que lhe devo um pedido de desculpas! Lamento muito pelo péssimo e injustificado comportamento que tive em nosso último encontro. Sinceramente, não sei o que deu em mim naquele dia...

– Também lamento, *monsieur* Davenport, mas infelizmente não posso concordar contigo... – Jeanne respondeu na voz mansa que costumava usar no trato de seus pacientes mais agitados.

O advogado ergueu uma maiúscula sobrancelha negra, no reflexo incondicionado que demonstrava sua absoluta incompreensão com o que acabara de ouvir. A jovem prosseguiu sem se abalar:

– Preciso discordar, porque a real finalidade deste encontro é colocar um fim às intermináveis visitas do florista à minha casa. Na verdade, o senhor não me deve desculpas de absolutamente nada! Não foi a minha pessoa que o senhor desastradamente ofendeu naquela triste ocasião. Se o senhor deve desculpas a alguém pelo ocorrido, é unicamente à minha jovem amiga, *mademoiselle* Ermance Dufaux.

A veemência desta afirmação fez o advogado encolher-se em sua cadeira. Ele registrou o golpe, respirou fundo e voltou à carga, tentando usar o tom de voz mais humilde que conseguiu arrancar de sua destreinada garganta:

– Sim, justamente, mas eu tinha esperança de que a senhorita pudesse transmitir à jovem Ermance Dufaux meu mais sincero pedido de desculpas...

– Absolutamente, não. O senhor deve pedir desculpas a Ermance pessoalmente, porque foi dessa maneira que a ofendeu. No entanto, espero que perceba que não estou me recusando a ajudá-lo! Estou disposta a convencer Ermance a ouvir seu pedido, coisa que, garanto-lhe, não será uma tarefa fácil!

"De qualquer forma, obrigada pelas flores intermináveis e também pelo aprazível chá da tarde. Espero poder revê-lo em breve, mas dessa vez na companhia de Ermance!" – e assim dizendo Jeanne se levantou, pegou a bolsa e o chapéu, e saiu

O Cético | 109

tão rápido do recinto que Arthur sequer teve tempo de levá-la até a porta.

Passado um segundo de contemplação da cadeira vazia a sua frente, Arthur acordou de seu estupor e tratou de seguir a jovem rebelde. Contrariando a altiva elegância que deveria caracterizar os modos de um autêntico cavalheiro inglês, Arthur foi obrigado a sair correndo atrás da intempestiva dama! E finalmente conseguiu interceptá-la no instante exato em que ela subia num fiacre.

– Posso saber por que razão a senhorita não quer interceder por mim junto a sua amiga? – ele perguntou num fio de voz.

– A resposta é muito simples, *monsieur*! É de vital importância que esse pedido seja feito pessoalmente. Por uma questão de justiça, mas, principalmente, por uma questão de educação!

– A senhorita não entende... Mesmo que eu venha a encontrá-la frente a frente, só poderei pedir desculpas por meu comportamento grosseiro e minha atitude intempestiva! Porém, adianto-lhe que não pretendo me desculpar por expressar minha opinião sobre algo que considero de suma importância!

"Veja bem, cara Jeanne, minha experiência com a categoria dos médiuns e dos espiritualistas em geral não tem sido nada positiva! E quanto a isso garanto que não mudei de ideia, muito pelo contrário! Logo, não posso retirar praticamente nada do que disse naquela ocasião... Posso apenas me desculpar pelas palavras inadequadas e grosseiras que usei para exprimir um ponto de vista que, grosso modo, continua sendo absolutamente o mesmo..."

Jeanne fitou o advogado com ar perplexo, incapaz de acreditar no que acabara de ouvir. Por um segundo eterno, ela pôde sentir a raiva latejando em suas têmporas, depois respirou fundo e contra-atacou:

– O senhor parece se esquecer de que, neste país, ainda gozamos de algumas liberdades individuais! Condição que assegura que cada pessoa tenha suas opiniões respeitadas quer se concorde com elas ou não! Logo, o senhor tem todo o direito de pensar como quiser e de ter suas próprias convicções, mas também tem o dever de respeitar igualmente aqueles que não as compartilham! Na França isto se chama liberdade! De arbítrio, de pensamento, de escolha! – assim, com o coração batendo forte e a voz nitidamente alterada, foi que Jeanne rebateu o discurso vazio do tirânico advogado. Em seguida, entrou no veículo e bateu com a portinhola na cara do fidalgo inglês, que permaneceu ali parado, fitando o vazio, enquanto o vulto por detrás da janela fechada ia se afastando rapidamente.

– Diabos! Que mulherzinha difícil! – rugiu.

– Que bom que pôde vir me encontrar, caro Watson!
– Alfred me deu seu recado. Só estranhei o endereço da cafeteria. Posso saber por que marcou um encontro neste endereço quando temos ótimos cafés bem mais perto de casa? Não vá dizer que estamos à caça de uma nova variedade de *croissants*?
– Deixe de pilhérias, meu caro! O assunto é sério!
– Então, com sua licença, vou chamar o garçom e pedir uns *croissants* de verdade, porque hoje meu dia na clínica foi tão infernal que sequer pude sair para almoçar.

Arthur fez um gesto com a mão, indicando ao amigo que ficasse à vontade. Depois, esperou pacientemente que o garçom anotasse o pedido de Edward.

– Perdão. Sobre o que falávamos? Ah! Sim! Eu perguntei por que marcou encontro nesta cafeteria em particular...
– Conheci este lugar, aliás, muito agradável, na triste ocasião em que fui escorraçado por *mademoiselle* Jeanne.
– Foi aqui? Pelo visto, a jovem tem bom gosto! Será por causa do irreprimível desejo de revê-la que você resolveu revisitar o lugar onde a perdeu pela segunda e definitiva vez?
– Poupe-me de seu sarcasmo, Watson! Agora, por favor, queira calar a boca para que eu possa explicar o sucedido de

uma vez por todas! – bradou o amigo, finalmente perdendo a paciência que quase não tinha.

Watson balançou a cabeça afirmativamente, depois sorveu um longo gole de sua xícara de chá.

– Naquele dia, quando Jeanne me deixou falando sozinho, fiquei tão aborrecido que decidi retornar para o café e tomar uma dose de algo bem forte antes de me arrastar de volta para casa.

O médico aquiesceu timidamente, depois encheu a boca com um grande pedaço de seu pãozinho folhado, somente para mostrar ao amigo que pretendia continuar sendo apenas um bom ouvinte.

– Pois bem, eu estava nesta mesma mesa em que estamos agora, quando reparei em certo cavalheiro de meia-idade. Tinha uma aparência distinta: sobriamente vestido, calvo, usava um bigode com cavanhaque e estava sentado ali adiante – disse Arthur, apontando para a mesa mais próxima da janela, esplendidamente iluminada pela luz do cair da tarde.

– O fato que despertou minha curiosidade foi que o homem tinha uma pilha de papéis a sua frente e, entre um gole e outro de chá, fazia anotações num caderno de capa preta. Fiquei impressionado porque não é comum alguém vir trabalhar numa cafeteria... Logo, você me conhece, comecei a formular algumas hipóteses: será que esse indivíduo desejava tomar um café, mas, sem querer interromper o trabalho para não perder o fio de seus pensamentos, decidiu trazê-lo consigo?

Só de birra, Watson continuou mudo, ocupado em mastigar bovinamente alguns bocados de pão e sorver golinhos de chá preto indiano de sua xícara.

– Infelizmente, essa estremada curiosidade despertou o espírito investigativo que há em mim. Por isso, demorei mais tempo do que seria necessário bebericando meu chá com conhaque e prestando muita atenção ao cavalheiro em questão. Depois de cerca de um quarto de hora, ele juntou seus papéis, colocou tudo numa valise e saiu. Assim que deixou a cafeteria, chamei o garçom e perguntei a ele se conhecia o tal sujeito.

– O rapaz respondeu que não, mas disse que ele costuma vir aqui praticamente todas as tardes, que se senta naquele mesmo lugar à janela e pede uma ou outra xícara de café enquanto trabalha em suas anotações. Fiquei intrigado com um comportamento atípico vindo de uma pessoa aparentemente tão normal... Que pensa disso, Watson?

– Talvez seja um contador ou escriturário com tanto trabalho que sequer consegue fazer uma pausa para o chá? – dessa vez Edward respondeu rapidamente, decerto por temer que um novo silêncio pudesse ser interpretado como desaforo.

– Não creio. O comportamento desse cavalheiro corresponde mais adequadamente ao perfil de um profissional liberal. Alguém que é dono de seu nariz e também do próprio negócio, do contrário, como poderia carregar por aí sua pilha de anotações?

– Já sei! Ele pode ser um jornalista ou até mesmo um professor! – respondeu Edward, finalmente pegando gosto pela brincadeira de bisbilhotar a vida alheia.

– Muito bem! São hipóteses bastante válidas. Porém, se o homem fosse um jornalista e viesse aqui quase todos os dias, certamente seria reconhecido pelo garçom, já que essa raça é movida a vaidade e autopromoção. Por outro lado, se o homem fosse um professor, a lógica nos leva a crer que ele forçosamente acabaria encontrando com algum de seus muitos alunos ou mesmo com um colega de sua escola, que deveria ficar nas redondezas... Mas, segundo me assegurou o garçom, nosso *subject* está sempre sozinho... E escrevendo... Isso não lhe diz nada?

– Arthur, eu me rendo! Diga-me, de uma vez por todas, quem é esse homem? – implorou o médico.

– Ainda não sei, mas hoje mesmo iremos descobrir. O que posso lhe adiantar é que, sem sombra de dúvida, trata-se de um escritor.

Watson ainda estava digerindo essa informação junto com a última porção de seu delicioso *croissant*, quando a porta da cafeteria subitamente se abriu. Um cavalheiro de meia idade,

O Cético | 113

distintamente vestido, calvo, de bigode e cavanhaque entrou no salão e foi sentar-se à mesa mais próxima da janela.

– *Voilà!* Na hora e na mesa certa! Agora, só falta ele retirar da valise... – e no mesmo instante, qual fosse um personagem numa peça teatral, o homem abriu a maleta, de onde retirou uma pilha de papéis que depositou sobre a mesa. Em seguida, pegou também um caderno e pôs-se a folheá-lo avidamente, como se estivesse procurando alguma página em particular.

– Não disse! É óbvio que se trata de um escritor! Ou no mínimo algum tipo de intelectual ou, quem sabe, de um cientista!

Nessa altura da conversa, Watson se perguntou se o amigo viciado em investigações não estaria inferindo além da conta.

– Posso saber qual é o raciocínio por detrás dessa última e brilhante dedução... Ou será um mero palpite?

– Palpite? Por quem me tomas, doutor? Você conhece o meu método: baseia-se totalmente na ampla observação de trivialidades.

– Confesso que não estou conseguindo acompanhar seu raciocínio. Baseado em que você pode afirmar que esse homem é um intelectual? E, além disso, um escritor?

– Caro Watson, é simples. Imagino que se trata de um intelectual, graças à sua óbvia capacidade cúbica. Um homem com uma cabeça tão grande como aquela deve ter um cérebro à altura!

Nessa hora, Watson foi obrigado a rir, apesar da aparente seriedade com que estavam tratando um assunto absurdamente insano e sem a menor relevância para a vida de ambos.

– Mais fácil ainda é comprovar que o cavalheiro em questão, além de ser destro, também é um escritor! Observe atentamente: que outra coisa poderia significar aquele punho direito com cerca de doze centímetros especialmente lustrosos? O detalhe da manga esquerda precocemente puída junto ao cotovelo de tanto ser friccionada na mesa? O que nos dizem esses indícios, senão uma clara indicação de que essa pessoa escreve muito? Agora, junte todas essas características num único profissional e você terá um... – o investigador fez o gesto do mágico que retira algo de sua cartola.

– Escritor! Claro! Você venceu, estou convencido.

– Elementar, meu caro Watson...

Enquanto os dois amigos continuavam com a brincadeira de adivinhação dedutiva, um homem gordo, usando fraque e cartola, entrou esbaforido no café e foi diretamente à mesa do suposto escritor. Os dois trocaram algumas palavras e, em seguida, o cavalheiro de meia idade, bigode e cavanhaque chamou o garçom, pagou a conta e saiu rapidamente.

– Venha. Vamos segui-los! – chamou Arthur.

Watson pensou em dissuadi-lo dessa ideia, mas ficou com medo de perdê-lo de vista, por isso calou a boca e correu em seu encalço.

Já na rua, Arthur e Edward viram quando o suposto escritor subiu num veículo de aluguel, deixando seu rotundo amigo parado na calçada. O investigador se aproximou e perguntou:

– Por gentileza, o senhor conhece o cavalheiro que acabou de sair naquele fiacre? Tenho certeza de que ele é amigo de meu pai, mas faz algum tempo que não o vejo! E, justo agora, quando o reencontro, sou traído por minha memória porque não estou conseguindo lembrar seu nome... Se não me engano é *monsieur*... – disse Arthur, esticando as últimas sílabas da palavra, como se tentasse lembrar.

– Allan Kardec. Se o senhor quiser, posso lhe enviar seu recado. Nós trabalhamos com a mesma editora, que fica ali na galeria, logo adiante... – e o homem apontou para uma construção de dois andares do outro lado da rua.

Pego de surpresa, Arthur emudeceu completamente, como se não tivesse compreendido a informação fornecida. Nesse instante, com medo de que Arthur surtasse com o pobre homem, exatamente como fizera com a jovem Ermance, o médico decidiu assumir a situação. Ligeiro no gatilho, Watson sacou do bolso seu próprio cartão, que imediatamente entregou ao solícito cavalheiro.

O Cético | 115

– Somos irmãos! Por favor, fique com meu cartão. Pode dizer ao escritor Allan Kardec que entraremos em contato. Obrigado pela gentileza *monsieur*. Até breve! – em seguida, agarrou o amigo pelo braço e o arrastou rapidamente para o outro lado da rua.

O homem ainda ficou parado ali por um momento, fitando o cartão de visita que o estranho lhe entregara. Leu: "Dr. Edward Watson – Médico", mas, continuou sem entender absolutamente nada do que tinha ocorrido.

Somente quando os dois homens estavam sacudindo na carruagem de volta para casa é que Watson encontrou ânimo para entabular uma conversa:

– Que coincidência mais bizarra, Arthur!

– Essa é a história da minha vida... Uma sucessão sem fim de coincidências bizarras. Aliás, bizarro, é o meu segundo nome. Arthur Bizarro Davenport.

– Mas, caro amigo, veja o lado positivo! Novamente você acertou em cheio! Não tenho dúvida alguma de que, se tivesse nascido alguns séculos atrás, teria ido direto para a fogueira da inquisição.

Apesar da situação não ser nada engraçada, Watson se pegou sorrindo, porque, ironicamente, Arthur C. Davenport nunca deixava de estar certo quando se tratava de coletar pistas e descobrir indícios. Mesmo que o resultado final da investigação empreendida o desagradasse imensamente.

8

Londres, Inglaterra.
Setembro de 1857.

Arthur puxou para mais perto de si a caixa de rapé de ouro amarelo, com uma grande ametista no centro da tampa. Aquele era um objeto antigo e valioso que pertencera a seu pai e Arthur gostava de pensar que usá-lo era uma forma de manter viva sua lembrança.

Alfred bateu à porta do escritório, esperou um segundo pela autorização para entrar e em seguida colocou sobre o aparador uma bandeja de prata meticulosamente arrumada com o chá da tarde.

– Por favor, Alfred, deixe isso aí. Daqui a pouco eu mesmo me *sirvo*. Pretendo escrever uma carta para o Edward e preciso que seja levada para o correio ainda hoje... – o mordomo assentiu com um movimento de cabeça, depois saiu do aposento sem fazer nenhum ruído.

O advogado não admitiria nem mesmo sob tortura, mas a verdade é que tinha decidido voltar à Londres depois que todas as suas tentativas de reaproximação com Jeanne haviam falhado. Ao longo de meses consecutivos, a irredutível senhorita havia

118 | José Bento / Ada May

devolvido flores, joias e poemas. Sim, porque até mesmo poemas de Shakespeare ele havia copiado em homenagem a sua musa, depois que seu último resquício de juízo cedeu ao impulso irrefreável de conquistá-la. Porém, não obstante todos os seus esforços, Jeanne manteve-se irredutível, atrevendo-se a recusar todos os seus convites e a devolver sem abrir todas as cartas e presentes que ele enviou. Por fim, o orgulho ferido venceu a vontade de continuar teimando inutilmente e o lobo deprimido decidiu correr de volta às estepes para melhor lamber suas feridas.

Desse modo, convocou Alfred, seu fiel escudeiro, e trocou a trágica rejeição romântica por uma revitalizante temporada de negócios em Londres, abandonando Edward sozinho em Paris, sem data certa para voltar.

– Exijo que me escreva no mínimo uma carta por semana! – esta foi a última recomendação do amigo ao acompanhar Arthur ao navio que o levaria de volta para casa.

A viagem transcorreu tranquila, sem nada digno de nota, exceto os enjoos superlativos enfrentados por Alfred, que era um péssimo marinheiro. Finalmente, ao aportar em solo inglês, o pobre homem foi recompensado com o duplo prazer de rever sua terra natal e de reencontrar o doce sabor do poder, que desfrutava por direito adquirido diante do séquito de servidores que lhe deviam obediência na conservadora e dispendiosa mansão dos Davenport.

O coração de Arthur também foi beneficiado pela imersão naquele universo familiar. Entre os refinados pertences de seus pais que preenchiam todos os espaços na mansão e os aconchegantes jardins da aprazível propriedade que se mantinha impecavelmente igual à época de sua mãe, Arthur finalmente recobrou sua autoconfiança e a vontade irrefreável de lutar.

Porém, é sabido que toda luta precisa de um oponente para vicejar e Arthur, agora mais do que nunca, sabia qual era o inimigo que desejava combater: o espiritismo. Também os médiuns, mas principalmente seu idealizador, o funesto escritor conhecido pela alcunha de Allan Kardec.

O Cético | 119

Assim, Arthur aproveitou os dias passados em Londres para chafurdar entre duas paixões bem diferentes: multiplicar indecentemente sua fortuna e perseguir o espiritismo.

Sua primeira providência em terras inglesas foi enviar a todos os jornais que tivessem alguma relevância *O livro dos espíritos* de Allan Kardec, evidentemente acompanhado de um artigo redigido por ele mesmo, denegrindo e atacando maliciosamente a filosofia espírita, além de seu respectivo 'criador'. Com muita satisfação, Arthur constatou que a imprensa inglesa em peso aderia à sua causa, em muitos casos, publicando seus textos na íntegra.

Fazendo tamanho barulho na sociedade londrina, não demorou nada para que o bem sucedido advogado, agora convertido em propagandista da cruzada anti-espiritista, conseguisse uma audiência com o bispo de Londres.

Num proveitoso encontro, ele e o bispo trocaram ótimas ideias, que resultaram num autêntico plano de guerra que seria enviado pela diocese de Londres diretamente à Sé de Cantuária. Arthur exultava com o sucesso de sua empreitada, cujo sabor de revanche o vingava daquela que era a causadora de seu maior infortúnio. Com a mente adoecida pela síndrome do orgulho ferido, Arthur julgava que sua desventura romântica fora causada pela lealdade que Jeanne nutria pela pequena bruxa, Ermance.

Com tanto trabalho, o tempo havia passado tão rápido que a promessa que Arthur fizera a Edward de escrever uma carta por semana fora completamente descumprida. Por isso, ele reservara aquela manhã em especial para escrever uma longa carta ao amigo.

Londres, 13 de Setembro de 1857.
Caro Watson,
Espero que esta missiva possa encontrá-lo gozando de boa saúde e muito bom humor. Principalmente porque irá precisar dele para conseguir perdoar minha total au-

sência de notícias. Como deve imaginar, tenho trabalhado muito porque estou me dividindo entre muitos e variados afazeres. Você não imagina a quantidade de solicitações e pendências que me aguardavam aqui em Londres. Some isso ao que já é de hábito, minha nova contribuição à sociedade como defensor da racionalidade e do materialismo contra a loucura institucionalizada pelo espiritismo, que você terá uma vaga noção de como tenho ocupado meu tempo!

Aliás, você também está me devendo um relatório decente com suas notícias! Suas duas últimas cartas não passaram de bilhetes, que bem poderiam ter sido escritos em código morse e enviados por um telégrafo, de tão lacônicos.

A propósito, compreendo que tenha ficado chateado, por isso tentarei contar as novidades com o máximo de detalhes que a minha pouca paciência me permitir.

Acredite, outro dia encontrei lady Beatrice Sutherland numa casa de chá na city e lamento dizer que a perdemos irremediavelmente para a causa do espiritismo. Agora, ela é amiga do médium escocês, o tal Home. Eles tornaram a se encontrar na casa de um nobre da Baviera e parece que sua cotação por lá tem subido mais do que a da libra na bolsa de valores. Segundo seus novos defensores, incluindo Beatrice, o homem é um portento! Um mago tão poderoso que é capaz de sair levitando pelo salão!

Assim, me apeguei à velha máxima de que é preciso manter o bom humor a fim de não se pôr a perder os poucos amigos que se fez na vida e, considerando que Beatrice já está bem entrada nos setenta anos, decidi deixar o assunto para lá. Ela prometeu nos visitar em Paris em dezembro. O que, forçosamente, me leva direto para o próximo assunto: meu possível retorno à Paris.

Tenho pensado muito em como tratei minha questão pessoal com Jeanne e cheguei à infeliz conclusão de que

O Cético | 121

novamente e irritantemente você estava certo. Tudo poderia ter sido diferente se eu tivesse engolido meu orgulho para fazer o que ela queria: pedir desculpas diretamente à jovem Ermance.

Aliás, somente agora compreendi qual foi meu maior erro: ataquei a 'pessoa' da médium, quando na verdade queria ter atacado sua 'filosofia', ou mesmo sua 'crença', ou ainda seu aliciador, o tal Kardec!

Porém, àquela época eu estava completamente míope e por isso mesmo não pude ver o óbvio. Também estava egoisticamente convencido de que o entusiasmo que sentia por Jeanne passaria como uma chuva de verão. A má notícia é que não passou e, muito pelo contrário, a distância parece ter aumentado infinitamente a falta que sinto de sua companhia. Imaginar que não a verei jamais é algo que faz latejar de dor meu já tão torturado coração.

Não ria! Você deve estar morrendo de pena do tipo ridículo de romântico incurável que me tornei! Mas você é meu melhor amigo, meu irmão, logo, não poderia enganá-lo, por que você lê em mim como num livro aberto; às vezes com mais clareza do que eu mesmo consigo fazer.

Portanto, caro amigo, cá estamos de volta ao início desta carta, quando afirmei que você precisa me ajudar a retornar de forma triunfal a Paris. E isso só irá acontecer se Jeanne me aceitar como seu noivo! Não, você não leu errado nem está ficando míope!

Logo, prepare-se, porque estou empenhado em colocar em ação um plano que me fará conquistar esse ambicioso objetivo! Porém, antes que me atreva a detalhá-lo, preciso que você descubra se ainda posso ter esperança de conquistar o coração de Jeanne. Como vocês dois têm convivido muito aí na clínica, aposto meu velho cachimbo de madrepérola que devem estar como 'unha e carne' de tão próximos! Logo, imagino que não será difícil para você fazer essa importante investigação.

Aguardarei ansiosamente sua resposta. Aliás, pode enviá-la até mesmo por morse, desde que seja o quanto antes. No entanto, adianto-lhe que, caso a resposta seja negativa, não voltarei tão cedo a Paris. Pelo apreço que me tem, caro amigo, trate de se esforçar!

Desejo-lhe sorte.
Um abraço do irmão,
Arthur C. Davenport

Enquanto a resposta de Edward não vinha, Arthur continuou entretido em sua caça às bruxas particular. Decidiu fazer contato com um novo grupo de jornalistas e desta vez escolheu os americanos, justamente por considerar que o avanço do espiritismo na América crescia desenfreadamente e que algo precisava ser feito com urgência para conter esse movimento ascendente.

Nesta oportunidade, o milionário inglês assumiu uma postura mais agressiva e, quando não conseguia obter espaço para seus artigos desmoralizantes nos jornais mais conceituados, tratava de comprá-lo junto aos jornais menos idôneos. Valia difundir todo tipo de difamação e Arthur ficava satisfeito com qualquer artigo publicado, assinado por quem quer que fosse, desde que falasse mal do espiritismo. Dessa forma sua cruzada prosseguia firme e forte, ancorada na convicção de que "no amor e na guerra vale tudo".

Assim, numa noite em que Arthur, melancólico e solitário, imaginava estar ganhando a guerra contra o espiritismo, mesmo perdendo fragarosamente a batalha para o amor, eis que Alfred surgiu manso e sorrateiro, portando sua indefectível bandeja, onde jazia um estranho envelope alaranjado.

– Telegrama, patrão! Chegou agora mesmo! Ainda está quente... – a contraditória animação do mordomo se justificava pela novidade de receber uma mensagem desse gênero em casa.

– É o privilégio de ter amigos na Scotland Yard... – respondeu o investigador, visivelmente envaidecido.

A mensagem telegráfica enviada por Watson de Paris dizia laconicamente:

"Urgente! Prepare plano de ataque. Identificada grande chance de sucesso no objetivo final. Bom retorno!"

Arthur, exultante, mal pode acreditar no que seus olhos liam.

Evidentemente, naquela noite Arthur não pregou o olho, matutando num modo de impressionar duas jovens damas francesas, acostumadas ao luxo e ao requinte. "O que poderá convencê-las a vir ao meu encontro?" – foi a pergunta que assombrou sua noite não dormida.

A resposta a essa grande dúvida foi respondida pelos deuses padroeiros do amor na manhã do dia seguinte, quando Alfred trouxe a correspondência.

Na reluzente bandeja de prata, escondido entre os diversos jornais do dia, folhetos com propaganda e vários envelopes, Arthur reparou num elegante convite enviado pelo iminente *sir* James Carter, um antigo amigo de seu pai que pertencia à Câmara dos Lordes. Abrindo-o, Arthur descobriu tratar-se de uma apresentação muito concorrida da companhia de balé do Royal Opera House.

Sabia que estava diante de um privilégio quando reparou que o convite continha seu nome impresso no corpo do texto, o que significava que a apresentação seria especialmente realizada apenas para a seleta plateia formada pelos convidados de *sir* James Carter.

– Muito bem pensado, Carter. Só mesmo um requinte cultural como este para impressionar quem vive no topo do mundo. Obrigado pela sugestão!

Com essa ideia em mente, Arthur tratou de mover céus e terras a fim de realizar seu ambicioso intento: comprar uma exclusiva apresentação de balé na Ópera de Paris, unicamente para seus convidados.

Após uma ligeira pesquisa junto a um agente cultural francês, Arthur descobriu que, durante o reinado de Napoleão III, a célebre companhia teatral conhecida como Ópera de Paris, por ordem de seu imperador, passou a chamar-se Academia Real de Música.

124 | José Bento / Ada May

"Tanto melhor! Reis e imperadores sempre impressionam mais do que simples mortais!" – pensou ele, cheio de satisfação em copiar a ideia do amigo de seu pai.

Descobriu também que seus integrantes ocupavam o teatro Salle Le Peletier,[7] cujo belíssimo prédio tinha capacidade para 1900 pessoas. Em Paris, o repertório da companhia estava repleto de peças maravilhosas que representavam o auge do balé romântico. Arthur teve acesso à agenda dessas apresentações e descobriu que o espetáculo em cartaz era o cobiçado *Le Corsaire*, estrelado pela famosa bailarina italiana Carolina Rosati no papel de Medora. Rosati era uma verdadeira estrela na Europa, sendo que seu talento rivalizava com as famosíssimas Carlotta Grisi, Maria Taglioni, Lucile Grahn e Francesca Cerrito, todas habituadas a embevecer as mais refinadas plateias. Nenhum apreciador de balé em seu juízo perfeito resistiria a um convite desse quilate.

– Só falta um coro de anjos para acompanhar! – exultou o milionário, que bem sabia que algo tão perversamente exclusivo certamente custaria uma verdadeira fortuna.

Como uma verdadeira águia nos negócios, Arthur tratou diretamente com o administrador do teatro até conseguir impor suas condições especiais. Nem mesmo a exorbitância do preço cobrado pareceu afetar sua animação:

"Tudo pela minha joia! Só me interessa a vitória!" – comemorou Arthur ao fechar o contrato que sacramentava a realização de seu espetáculo particular.

Em seguida, chamou seu mordomo de estimação e informou:

– Faça nossas malas, caro Alfred! Amanhã mesmo embarcamos para Paris!

---

[7] Na noite de 29 de outubro de 1873, o Salle Le Peletier foi completamente destruído por um lamentável incêndio, cuja causa mais provável foi o inovador sistema de iluminação a gás que havia sido recentemente implantado no teatro. Já em 1858, o imperador Napoleão III tinha contratado o planejador cívico, barão Haussmann, para iniciar a construção de um segundo teatro para sediar a Ópera de Paris com base no projeto do arquiteto Charles Garnier. Mas, devido aos mil percalços no cenário político francês e também a problemas relacionados a sua construção, o novo teatro só seria inaugurado em 1875.

9

Paris, França.
Outubro de 1857.

Apesar das diferenças de idade, de *status* social e de pensamento, Arthur e Alfred com certeza concordavam que nunca um navio havia demorado tanto tempo para chegar ao seu destino!

A primeira providência de Arthur ao pisar em território francês foi ir à Ópera de Paris para buscar pessoalmente os convites de seu tão esperado espetáculo. Fizera questão de que eles estivessem personalizados com o nome de cada um dos cerca de cento e cinquenta felizardos. Mas, na verdade, havia apenas uma pessoa naquela lista que o interessava: Jeanne Maginot. E somente depois de tomar posse de seu tesouro foi que Arthur se permitiu ir para casa e descansar.

– Que acha disso, caro Watson? – ele perguntou ao médico, atirando em seu colo o refinado envelope marfim com seu nome especialmente impresso.

Edward agarrou o envelope, abriu e deu um longo assobio, à maneira dos caçadores, assim que compreendeu do que se tratava:

– Veja se entendi direito: este é um convite exclusivo para assistir Carolina Rosati dançando o *Le Corsaire* na Ópera de

Paris? – ao que o advogado, com ar satisfeito, assentiu com um movimento de cabeça.

– Parabéns, Arthur! Desta vez você se superou!

– Tem certeza? Acha que isso é bom o suficiente para convencer Jeanne a comparecer?

O médico teve que rir diante da evidente insegurança do homem apaixonado, afinal, não estava acostumado a presenciar momentos de fraqueza vindos de uma personalidade tão assertiva.

– Sossegue, amigo! Tenho certeza de que ela irá! Afinal de contas, quem seria louco de resistir a um mimo desses? Até mesmo eu quero ir! Vamos brindar a essa brilhante ideia!

– Um plágio, confesso! Porém, quando já se cruzou as fronteiras entre os países, imagino que o autor original da ideia perca o direito de reivindicar sua primazia. *Sir* James Carter realizou seu feito em Londres, mas imagino que, em Paris, eu serei o primeiro a lançar essa moda!

– Aposto que por estas paragens somente o rei tem tal privilégio!

Os dois amigos terminaram a noite liquidando várias garrafas de um impagável vinho tinto francês, dilapidando a adega do falecido *sir* William Davenport como uma comemoração antecipada do sucesso que esperavam obter.

Na noite de gala tão esperada por Arthur, a Ópera de Paris abriu suas portas unicamente para seus convidados.

A elite da sociedade francesa compareceu ao evento, inclusive *monsieur* Dufaux na companhia da esposa e da bela filha, Ermance. Mas, principalmente, compareceu *monsieur* Maginot acompanhado pela única filha, Jeanne. À princípio, a noite parecia salva.

O Cético | 127

Todos eles, inclusive o doutor Edward Watson, foram designados para o mesmo camarote, justamente o melhor do teatro.

Inseguro pela primeira vez na vida, Arthur elaborou um plano para manter sua dignidade a salvo de novos arranhões, caso o espetáculo não surtisse o efeito planejado por ele. Suas providências também desejavam evitar que ele parecesse indelicado, ao impor sua presença às duas senhoritas rebeldes.

Por isso, assistiu ao espetáculo sozinho num camarote escolhido apenas por sua privilegiada posição estratégica, que permitia que Arthur observasse o que estava acontecendo no camarote de sua convidada especial. Também combinou um gesto secreto com Watson para sinalizar se deveria ou não apresentar-se no camarote das damas ao final do espetáculo.

As más línguas haviam cochichado aos ouvidos de Carolina Rosati, a prestigiada bailarina italiana, que aquele espetáculo era o presente de um homem apaixonado que, por seu intermédio, faria uma última e desesperada tentativa de conquistar o coração de sua amada. No dia seguinte, crônicas publicadas pela imprensa local rasgaram-se em elogios ao seu talento e afirmaram que, numa noite excepcionalmente inspirada, ela dançara como uma ninfa no Olimpo! Ao final do espetáculo, antes de retirar-se do palco, a diva teria dito à plateia extasiada:

"Este foi meu tributo à paixão!"

Mesmo se quisesse, o investigador não seria capaz de tecer elogios à performance da famosa bailarina italiana, porque passara praticamente a noite inteira vigiando o camarote de sua musa e quase nada vira do espetáculo. Quando finalmente as luzes do palco se apagaram e a cortina de veludo vermelho desceu indicando que a apresentação terminara, Arthur ergueu seu binóculo pela última vez para checar qual seria o veredicto dado pelo sinal:

– Positivo! Positivo! – Watson cruzara ostensivamente os braços sobre o peito, fazendo o sinal que o autorizava a visitar o camarote das damas o quanto antes.

Assim, vitorioso e altaneiro, Arthur C. Davenport surgiu à porta do camarote de gala, habitualmente reservado para uso exclusivo do imperador, para cumprimentar seus convidados.

– Boa noite! Vim somente para agradecer vossa presença nesta noite tão especial para mim... – ao contrário do normal, sua voz soava num timbre calmo e particularmente baixo.

Por um instante, seu olhar cruzou com o de Jeanne e seu coração começou a bater mais forte. Então, antes que sua autoconfiança o abandonasse por completo, Arthur cruzou o camarote e parou diante de Ermance Dufaux.

– *Mademoiselle* Ermance, gostaria de pensar que tenha se divertido nesta noite, porque assim meu coração ficará mais leve quando lembrar do enorme dissabor que lhe causei noutra infeliz ocasião. Queira, por favor, aceitar minhas mais sinceras desculpas pela falta cometida! – Arthur disse tudo isso num único sussurro e, em seguida, fez uma longa mesura, curvando o tronco até ficar da altura da jovem e poder fitar seu belo rosto.

A francesinha, pega de surpresa, não sabia o que dizer diante do inusitado da situação. Demonstrando enorme presença de espírito, Jeanne tomou a frente e, antes que alguém se lembrasse de perguntar o que diabos estava acontecendo ali, disse:

– *Monsieur* Davenport, sempre exagerando! Um pequeno incidente envolvendo uma xícara de chá derramada num vestido de seda não é nada que mereça um pedido de desculpas tão veemente! Garanto-lhe que nem mesmo era um vestido preferido por Ermance!

As pessoas olhavam de Jeanne para Arthur e, confusas, tentavam compreender sobre o que estariam falando. Foi quando a jovem perspicaz teve uma excelente ideia e lançou uma nova cortina de fumaça para confundir ainda mais os presentes:

– A propósito, não podemos esquecer de lhe dar parabéns pelo seu aniversário! Aliás, adorei o modo inovador com que decidiu comemorá-lo. E obrigada por compartilhar este maravilhoso presente conosco!

Novamente as pessoas se entreolharam timidamente, finalmente com a luz de alguma compreensão brilhando no olhar. Em seguida, primeiro os cavalheiros e depois as damas, todos sem exceção, apressaram-se em cumprimentar o anfitrião por seu aniversário. Depois se despediram e foram saindo do camarote para confraternizar com os outros convidados, pois a maioria pertencia ao mesmo círculo de nobres e milionários.

No saguão do esplêndido teatro, os garçons serviram aos convidados taças da melhor safra de champanhe disponível em Paris, acompanhadas por deliciosos acepipes assinados por um renomado *chef* francês. Todos pareciam felizes e relaxados, como se estivessem participando de uma boa festa, apesar do inusitado lugar onde se realizara.

Assim que todos os convidados se retiraram, Arthur deixou-se cair, completamente exaurido, sobre uma das muitas poltronas disponíveis no amplo saguão. Tentou relaxar por um momento, porém, quando viu a inédita fisionomia abobada estampada na face de seu melhor amigo, caiu num incontido acesso de riso. Riram juntos até não poder mais, depois foram para um bar próximo ao teatro para comemorar o êxito da grande noite.

– Viu a inteligência dessa jovem! Notou com que presença de espírito Jeanne salvou minha pele?

– Perdoe-me o trocadilho infame, mas, se havia algum espírito, lamento muito não tê-lo visto! Quem sabe, *mademoiselle* Ermance não viu? – e os dois amigos, completamente bêbados, caíram desbragadamente no riso, como só são capazes de fazer os que estão alcoolicamente privados do juízo e do bom senso.

Do lado mais nobre da cidade, Ermance e Jeanne se acomodaram na biblioteca com o pretexto de tomar uma última xícara

130 | José Bento / Ada May

de chá antes de irem dormir, quando o que desejavam era conversar sobre as fortes emoções vividas naquela noite:

— Jeanne! O que foi que deu na cabeça daquele desatinado para vir me pedir desculpas na presença de meus pais? Sinceramente, se não fosse por você, não sei o que seria de mim agora...

— Está falando sobre o expediente do vestido, não é? Isso foi apenas pensar rápido! Mas, modéstia a parte, inventar uma comemoração de aniversário como justificativa para o convite do espetáculo foi uma ideia excelente, não acha?

— Como assim? Não era o aniversário dele? Mas, se não era uma data especial, por que fazer uma comemoração tão opulenta? — perguntou Ermance, chocada com a revelação da amiga.

Nessa hora, Jeanne, mesmo sem querer, foi obrigada a rir:

— Sequer faço ideia de quando é o aniversário daquele mentecapto! Eu inventei isso na hora, porque precisava dar aos nossos pais um motivo para o insano ter nos convidado para o espetáculo! Aliás, maravilhoso, não foi?!

— Belíssimo! Com certeza o melhor espetáculo de balé a que assisti na vida... — começou a elogiar a jovem, mas foi interrompida pela amiga.

— Sei que o Arthur é meio maluco, mas, de certa forma, a culpa dessa confusão também foi minha. Só para você poder entender o que aconteceu hoje: fui eu mesma quem o intimou a pedir desculpas a você pessoalmente. E mais, eu disse que, de outra forma, nós jamais aceitaríamos suas desculpas...

— Nós não aceitaríamos? Então, esse convite para o espetáculo...

— Imagino que foi a forma que Arthur achou de nos atrair para um encontro muito difícil de ser recusado, onde ele pudesse se desculpar adequadamente!

— Exatamente de acordo com suas exigências... Veja quanto trabalho e dinheiro gasto num assunto que poderia ter sido facilmente resolvido num rápido encontro na cafeteria... Hum... Está me parecendo que não era exatamente com os meus sentimentos que *monsieur* Davenport estava preocupado. Tampouco foi para se encontrar comigo que o nobre cavalheiro fechou um teatro, requisitando o melhor espetáculo em cartaz na Ópera de Paris... Imagino que ele fez tudo isso para poder se encontrar com a única convidada que o interessava de verdade e cumprir com as exigências feitas por ela. Nesse caso em particular, você!

Jeanne, completamente sem graça, serviu uma nova rodada de chá em suas xícaras para disfarçar seu constrangimento com o assunto.

– Acha que ele foi sincero em suas intenções? – perguntou ela, preocupada com o rumo que aquela conversa ia tomando. – Quero dizer, em seu pedido de desculpas...

– Nisso, tenho certeza que foi. Olhei bem dentro de seus olhos e não vi qualquer resquício de animosidade contra mim. Ele me pareceu bem convicto...

– Tomara que você esteja certa. Ele me parece tão teimoso... Sem falar na persistência aterrorizante com que persegue seus objetivos!

– Jeanne! Por favor, não se faça de tola! Será possível que não percebeu que esse homem está apaixonado? Que ele está lhe cortejando descaradamente?

– Apaixonado? Cortejando? Acha que ele tem alguma intenção romântica?

– Mais claro que água cristalina. E por falar em estar certa, acho que você deveria considerar seriamente a possibilidade de dar uma chance ao cavalheiro. Afinal, qualquer um que requisite *mademoiselle* Carolina Rosati, com a Ópera de Paris a reboque, deveria merecer nosso respeito e indiscutível admiração!

Apesar da seriedade do assunto, as amigas acabaram caindo na risada.

– Querida Ermance! Como isso pode ser possível?! Não consigo pensar em duas pessoas mais diferentes do que nós dois... Somos como água e óleo...

– Pelo amor de Deus, Jeanne! Veja tudo que *monsieur* Davenport foi capaz de fazer para impressioná-la. Se isso não é fruto de um romantismo autêntico, então, ele é verdadeiramente um lunático!

– Ah! Não fale assim do pobrezinho! – condoeu-se a moça, traindo seus sentimentos.

– Pobrezinho? Agora não tenho mais dúvidas! Existe mesmo um novo casal surgindo sob o sol de Paris! Ah! Como é lindo o amor...

Fingindo-se de ofendida, Jeanne pegou sua xícara e foi colocá-la sobre a mesinha de chá. Em seguida, reassumiu temporariamente a pose de preceptora dos velhos tempos e disse:

– Olhe como está tarde! Chega de conversa por hoje, mocinha! Já basta de emoção para uma única noite. Vamos dormir!

– Certo. Apenas permita um último conselho: fale com seu novo amigo, o doutor Watson, e peça sua opinião sobre isso tudo que acabamos de conversar.

– Prometo pensar no assunto... – e Jeanne deu o braço à amiga, indicando que a acompanharia até o quarto de hóspedes onde Ermance passaria o restante da noite, que, por diferentes motivos, fora especial para ambas.

Mas dormir não seria uma tarefa fácil para Jeanne naquele momento. Quando estava deitada em sua cama, rolando de insônia, ficava recordando os últimos acontecimentos e não conseguia descansar. Também porque, apesar de não admitir nem mesmo para si mesma, ficara encantada com a atitude de Arthur. Afinal, nunca alguém tinha sido tão insistente em perseguir sua atenção, nem em conquistar seu afeto ou atender a um desejo seu. Arthur tinha sido capaz de realizar tudo isso numa única oportunidade!

Quando Morfeu finalmente lançou seu véu balsâmico sobre seu espírito aflito, Jeanne sonhou que era a primeira bailarina da Ópera de Paris. E, apesar de ouvir o entusiasmo e de receber o aplauso da gigantesca plateia, ela dançava unicamente para o elegante cavalheiro de fraque e cartola que estava sentado na primeira fileira do teatro. No sonho feliz, ela dançava gloriosamente e Arthur, absolutamente arrebatado, lhe sorria.

10

Paris, França.
Novembro de 1857.

A criada estendeu caprichosamente sobre a cama o belo vestido de musselina azul, pálido como o dia que se avistava pela janela entreaberta, para que continuasse impecável até a hora em que sua senhora iria vesti-lo.

– Obrigada, Marie. Está ótimo! – disse Jeanne.

Em seguida Jeanne dispensou a ama, puxou uma cadeira para perto da cama e quedou-se na contemplação do vestido que acabara de chegar da modista. Justamente porque não era um vestido qualquer, mas sim o tipo de roupa especial que toda donzela anseia poder usar algum dia em sua vida. Era a representação de um desejo, de um sonho feminino, de um novo marco na vida, enfim, de tudo que um mágico vestido de noivado pode representar.

Enquanto observava o maravilhoso vestido, Jeanne mergulhou num vagalhão de lembranças recentes dos rápidos acontecimentos que haviam modificado sua vida tão repentinamente. Sua memória a transportou para o dia, agora distante, em que fora presenteada com uma apresentação exclusiva na Ópera de

133

Paris. Lembrou-se também dos conselhos que recebeu dos amigos e parentes que consultou. Foram todos unânimes em afirmar que o advogado era um bom homem e um excelente partido. Até mesmo sua melhor amiga o aprovava, apesar de ter sido vítima da porção mais irascível de sua complexa personalidade.

Sua mente vagava entre lembranças agradáveis de buquês de flores raras, dos ricos e variados presentes, dos almoços e jantares nos melhores restaurantes de Paris, dos românticos convites a concertos e espetáculos, enfim, da sucessão de prazeres que Arthur vinha lhe proporcionando desde que aceitara sua corte.

– Não acredito que você ainda está de camisola... Daqui a poucos minutos seus convidados estarão chegando para o jantar de gala! Lamento dizer, mas você está atrasadíssima... – disse Ermance, mal abriu a porta do quarto da amiga.

– Acho que não. Ainda temos tempo de sobra. Já estou pronta, basta que enfie esse vestido pela cabeça e *voilà*... Serei a mesma Jeanne de sempre, mas vestida como uma verdadeira princesa à moda inglesa... – disse a jovem, apontando o mimo azulado que jazia sobre a cama.

– Ficou mesmo uma belezura! Só não entendo porque teve que vir de Londres. Por acaso as modistas francesas não estão à altura de vossa alteza?

– Foi um presente de Arthur... – ela respondeu em tom de desculpas.

– Está certo. Meu pai sempre diz que a cavalo dado não se olha os dentes. Deixe-me ajudá-la a vesti-lo! – refletiu Ermance, assumindo a atitude despachada do pai, um habilidoso comerciante.

– Como queira. Mas, enquanto isso, conte-me como foi seu encontro de ontem com meu substituto, *monsieur* Kardec, seu novo amigo inseparável... – pediu Jeanne à amiga, com uma pontinha de ciúme repercutindo na voz.

– Você nem imagina a novidade! *Monsieur* Kardec teve uma ideia brilhante para ajudar na propagação do espiritismo! Ele quer editar uma espécie de revista, com publicação mensal, justamente para divulgar a filosofia espírita, mas não apenas isso. A ideia é mesclar os assuntos mais eruditos da filosofia com os mais populares, inclusive contando as histórias que os novos adeptos e simpatizantes espíritas têm lhe enviado de várias partes do mundo, narrando suas experiências com o espiritismo e até mesmo falando sobre as perseguições que vêm sofrendo. É empolgante, não acha?

– Sim, parece um projeto muito interessante! Principalmente no que se refere a ajudar seus seguidores e simpatizantes a se defenderem dos ataques constantes da sociedade e do clero, que os querem calar a qualquer custo! Acho que essa revista tem grande chance de causar uma boa repercussão...

– Foi o que achei. Mas *monsieur* Kardec desejava saber qual seria a opinião dos espíritos superiores sobre esse projeto, por isso pediu que eu os consultasse.

– E eu posso saber o que eles acharam?

– Os conselheiros espirituais acharam a ideia muito oportuna. E também nos fizeram valiosas recomendações.

– Quando acha que a revista começará a ser publicada? – perguntou Jeanne, com seu jeito prático.

– Provavelmente só no ano que vem. Apesar da boa vendagem de *O livro dos espíritos*, não creio que *monsieur* Kardec disponha do montante que será necessário para alavancar esse projeto... – e Ermance, completamente surpresa, parou de falar no meio da frase. – Olhe só para você! Está mesmo parecendo uma princesa! – disse a amiga, embevecida com a beleza da noiva que se refletia no espelho.

Subitamente comovidas, as jovens se abraçaram, se dando conta do significado que aquele evento teria para suas vidas.

– Desejo de todo coração que você seja imensamente feliz, querida Jeanne!

– Obrigada, amiga! Agora, chega disso! Não me faça chorar, senão vou ficar com a cara toda inchada! Já pensou na reação do noivo?

– Tem toda razão! A última coisa que desejamos fazer na vida é irritar um noivo que já é nervoso por natureza... Lembra-

136 | José Bento / Ada May

-me de certo comandante francês, um tal de Napoleão Bonaparte! Já ouviu falar?

A ironia do comentário fez com que as amigas imediatamente passassem da emoção lacrimosa ao desenfreado acesso de riso.

Os convidados dos noivos foram selecionados a dedo justamente porque o casal desejava proporcionar aos seus amigos e parentes uma reunião especialmente acolhedora. Alfred, absolutamente incansável, supervisionava tudo e todos, mantendo a recepção dentro de seu habitual nível de perfeição.

Ao final da noite, todos os presentes, sem exceção, diriam que a recepção havia sido esplêndida. Assim, quase todos os convidados já tinham partido quando Ermance se aproximou do casal para se despedir.

Subitamente, a jovem que ainda estava abraçada a Jeanne, sentiu uma terrível vertigem que colocou o mundo para girar ao redor de sua cabeça. E certamente Ermance teria caído ao chão, se Arthur não tivesse agido rapidamente para ampará-la:

– Alfred, rápido! Traga-me uma cadeira! Ermance precisa descansar! – ele pediu.

Imediatamente o mordomo surgiu com uma cadeira de espaldar alto, acompanhado por Watson, que também veio correndo, atraído pelo tumulto. De pronto, o médico começou a examiná-la e detectou o pulso excessivamente acelerado, as mãos que suavam frio e o rosto pálido como a cera de uma vela apagada.

– Alfred, por favor, traga vinagre! Ela está quase desmaiando!

Enquanto o médico a atendia, Ermance, aflita e agitada, subitamente agarrou a mão de Jeanne na sua e, numa voz que absolutamente não lhe pertencia, murmurou:

– Preparem-se! Uma grande nuvem negra aproxima-se de vossos destinos! Preparem-se todos para sorver o amargo cálice da dor...

Dita a frase agourenta, Ermance sofreu alguns espasmos até desfalecer nos braços do médico que a amparava.

– Rápido! Chame o cocheiro! Vamos levá-la imediatamente para a clínica! – ordenou Watson.

O Cético | 137

Num átimo, a agradável reunião tinha sido encerrada de forma abrupta, com os anfitriões saindo a toda pressa noutro veículo em perseguição ao médico e sua jovem paciente. Já era noite alta quando o doutor Watson finalmente saiu de seu consultório para avisar aos presentes que Ermance estava bem, mas que deveria permanecer na clínica até a manhã seguinte, em observação.

– Voltem para casa, podem ir descansar! Garanto que ela está bem! – o médico assegurou a todos.

Bastou ouvir a boa notícia, Arthur pegou a cartola, que enfiou na cabeça abruptamente, agarrou a mão de Jeanne na sua e tratou de arrastá-la dali o quanto antes. Bem que ela havia notado algo de estranho na sisudez de seu noivo, mas, no fundo, já sabia qual seria a causa. Somente quando ficaram a sós na carruagem que os levava de volta para casa, Jeanne tomou coragem para abordá-lo:

– Você ouviu o que Ermance falou durante o transe, não foi? Por isso está assim tão sorumbático...

– Infelizmente. Ao que parece, ela teve um surto histérico. Ao menos esse foi o diagnóstico do dr. Watson, o que para mim é mais do que motivo suficiente para explicar o ocorrido. Saiba que acredito piamente na ciência médica.

– Mas, Arthur... – Jeanne tentou argumentar, no que foi imediatamente interrompida pelo noivo.

– Não acho que se possa levar em consideração o que é dito por alguém que está evidentemente tendo uma crise dos nervos ou coisa que o valha! É absolutamente irrelevante!

– E se não foi exatamente isso o que ocorreu? Se foi 'alguém' querendo nos avisar sobre um perigo iminente? – disse Jeanne num fio de voz, quase um murmúrio.

– Ela surtou! Não existe nenhuma outra explicação aceitável para o que aconteceu com Ermance esta noite...

A fim de controlar a ira que por muito pouco não o dominava, Arthur parou de falar. Depois, soltou um audível suspiro antes de concluir:

– Minha adorada, na verdade, não quero mais falar sobre isso.

Dessa forma, o advogado deu o assunto por encerrado, e Jeanne já conhecia o noivo o suficiente para saber que continuar com a discussão serviria apenas para arrefecer sua animosidade. Decidiu acatar sua vontade, porque a última coisa que desejava naquele momento era que Arthur voltasse sua ira contra a pobre Ermance.

Porém, guardou para si a forte impressão de que a mensagem de mau agouro que saíra da boca da amiga médium na ocasião de seu noivado era uma espécie de aviso. Talvez fosse um presságio; uma premonição de que algo muito ruim estava para acontecer em sua vida.

"Será, meu Deus?" – pensava a noiva, que com os olhos tristes e úmidos fitava o firmamento, cuja claridade anunciava o início de um novo dia.

– Seja sincera. Você acredita? – perguntou Ermance, fulminando Jeanne com seus belos olhos, cujo impressionante tom de azul lembrava duas safiras, calidamente iluminadas pela luz da tarde que entrava pela janela.

– Nos espíritos? – disse Jeanne, voltando o olhar para o sol que tingia de vermelho o horizonte à sua frente. – Lembra-se de Pierre? – ainda de olhos cravados no poente, ela respondeu com outra pergunta.

– Seu primo revolucionário? Claro. Como poderia esquecê-lo? Depois de tudo que nos aconteceu...

– Lembra-se de que ele estava desaparecido há vários dias, depois de ter-se envolvido no levante revolucionário no dia da grande 'Manifestação'? Jovem idealista e muito impetuoso, Pierre achava que para ser um bom patriota devia ajudar a 'li-

O Cético | 139

bertar' os trabalhadores da verdadeira situação de escravidão a que eram submetidos pelos donos das fábricas de Paris...

O sol desaparecera na linha do horizonte, sendo substituído por um sublime manto púrpura, cujos tons de vermelho e dourado lembravam o sangue derramado pelos combatentes que haviam tombado no conflito.

– Quando Pierre desapareceu subitamente e sem deixar rastros, meu tio revirou cada beco desta cidade impiedosa na esperança de encontrá-lo. Sabíamos que seria muito difícil que ele tivesse conseguido escapar ileso à verdadeira caçada que os patrões impuseram aos líderes da classe operária. Desde o início, era evidente que os trabalhadores não teriam qualquer chance de vencer uma luta de forças tão desiguais...

Ermance ouvia calada a triste história de Pierre Maginot, um herói anônimo que participou ativamente do movimento operário, liderando as lutas das classes trabalhadoras nas ruas de Paris, em 1848, apesar de pertencer por nascimento à classe privilegiada dos burgueses.

Jeanne ainda se lembrava de que os anos de 1846 e 48 haviam sido de tremenda penúria e escassez na Europa. Foram anos de invernos muito rigorosos, seguidos de verões infernais que assolaram os campos ressequidos, de modo que os camponeses não puderam colher nada que não fosse fome e desespero. Houve um verdadeiro êxodo dos trabalhadores rurais que abandonaram a terra exaurida e rumaram com suas famílias famintas para as cidades mais próximas em busca de ajuda e trabalho.

Porém, mesmo as maiores fábricas nas melhores cidades não conseguiram absorver tamanho excesso de mão de obra. Assim, as classes privilegiadas da sociedade aproveitaram a situação de penúria do povo para impor suas regras, submetendo os trabalhadores a condições sub-humanas em suas fábricas. Não havia leis que os protegessem do abuso de cumprir jornadas de trabalho de dezoito horas em ambientes insalubres, recebendo salários de fome e vivendo em alojamentos que pertenciam aos próprios patrões.

Esse arranjo desonesto gerava uma situação em que, findo o mês, depois de descontadas as dívidas com alojamento e alimentação, os trabalhadores ainda ficavam devendo dinheiro aos seus empregadores! Esses homens e suas famílias viviam numa situação ainda pior do que a da escravidão. E, quando os trabalhadores se revoltaram contra tantas injustiças e começaram a se organizar em grupos que pudessem reivindicar seus direitos, os patrões simplesmente os demitiram. O pior é que, muitas vezes, eles foram substituídos por suas próprias mulheres e filhos, contratados por um salário ainda menor do que os que eles mesmos recebiam.

Num curto período de tempo, essa atitude mercenária e anticristã dos capitães da indústria nascente transformou o que era um barril de pólvora numa fogueira de ódio, ardendo no âmago da injusta e desigual sociedade francesa.

– Nessa época, você era apenas uma menininha e decerto por isso foi poupada dos detalhes sórdidos da vida real...

– Ah! Posso não me lembrar de nada disso, mas lembro-me perfeitamente de Pierre! Era um rapaz tão bonito, tão gentil... Quando vinha nos visitar, ele sempre encontrava tempo para brincar comigo! Chamava-me de *petite princesse*!

Subitamente emocionada com aquela meiga recordação, Jeanne enxugou uma lágrima na manga de seu vestido.

– Depois de seu desaparecimento, quando já havíamos perdido toda esperança de conseguir encontrá-lo, algo realmente incrível aconteceu! Você estava sentada ao meu lado e brincava com suas bonecas, quando, de súbito, ficou rígida e branca como cera! Em seguida, começou a falar coisas sem o menor sentido. Você agia como uma sonâmbula que estivesse presa num pesadelo; olhava mas não via; sua voz soava fraca e entrecortada, como se estivesse muito doente ou ferida. Foi muito assustador!

"Então, você segurou minha mão com a força de um moribundo e disse: 'Jeanne! Fui ferido durante a Manifestação! Os malditos me jogaram no rio para que me afogasse! Peça ao meu pai que venha me buscar! Estou encalhado numa charneca à beira do Sena, na parte em que o rio se afunila! Diga que procure perto do grande carvalho que é onde estou...'

"Depois você desmaiou. Nós a tratamos com infusões de ervas e você se recuperou rapidamente. Porém, fiquei tão impressionada com aquela estranha mensagem que decidi repassá-la para meu tio. A fim de não complicar ainda mais as coisas, omiti a verdadeira história e inventei outra versão. Disse que havia recebido a informação de um colono que afirmava ter visto alguém com a mesma descrição de Pierre, encalhado às margens do rio Sena, nas proximidades do gigantesco carvalho. Meu pobre tio colocou imediatamente seus empregados para também vasculhar aquela região do rio, que, aliás, era um dos poucos lugares onde eles não haviam procurado, justamente por estar vários quilômetros longe da fatídica Manifestação.

– No mesmo dia, encontraram o corpo de Pierre caído debaixo de um imenso carvalho, na parte mais estreita do rio no distante subúrbio de Auteuil. Parece que, durante os tumultos da luta na Manifestação, Pierre recebeu um tiro e depois foi jogado no rio por seus oponentes. Talvez ele até conseguisse sobreviver ao ferimento se tivesse sido socorrido prontamente, quando seu corpo encalhou na margem. Mas, infelizmente, não havia ninguém por perto para ajudá-lo...

– Ele ficou abandonado por lá todo aquele tempo, brutalmente ferido, passando frio e fome, até que não resistiu e acabou sucumbindo...

Por um momento, um silêncio pesado como chumbo se impôs entre elas.

– O espírito de Pierre veio até nós para contar onde seu corpo se encontrava! Como seria possível duvidar diante de tamanha evidência, minha *petite princesse*?!

As duas amigas se abraçaram e, por um momento, choraram juntas a recordação daquela terrível perda. Mas choravam também pelo medo que voltava a afligir seus corações, agora que haviam recebido um novo aviso, tão ou mais sombrio do que o anterior.

– Você contou a triste história de Pierre para Arthur?

Jeanne ficou calada, fitando as primeiras estrelas que saíam no céu, na noite que finalmente surgia emoldurada pela janela. Enfim, respondeu num fio de voz:

– Não. E imagino que jamais o farei. Sei que ele não compreenderia...

Ermance nada disse, apenas balançou lentamente a cabeça loira, concordando. Fitando o céu de Paris naquele longínquo início de noite, Jeanne e Ermance compartilharam a certeza de que uma nova tragédia rondava suas vidas.

11

Paris, França.
Janeiro de 1858.

Foi com verdadeira emoção que Ermance recebeu sua encomenda das mãos do lacaio. Ansiosa, ela abriu rapidamente o envelope de papel pardo de onde retirou seu novo tesouro:

– *Revista Espírita – Jornal de Estudos Psicológicos* – a jovem leu em voz alta, satisfeita por ter em mãos o primeiro exemplar da aguardada publicação.

– Decerto que será um novo escândalo circulando por Paris... – decretou a moça.

Em seguida, ela se atirou na cama com a disposição de lê-la de cabo a rabo, de acordo com a orientação de Kardec, que desejava conhecer sua opinião sobre os artigos que escrevera para aquele primeiro número. Quando Jeanne finalmente chegou, atendendo ao seu pedido para vir encontrá-la, Ermance já tinha terminado a leitura.

– O que achou? – perguntou a amiga, antes mesmo de cumprimentá-la.

– *Monsieur* Kardec usa argumentos muito consistentes para defender que os fenômenos espíritas não podem mais ser ignorados pela sociedade. Também fala que os médiuns podem surgir em qualquer lugar, inclusive dentro de sua própria família. Aliás, sou prova viva dessa realidade! Muitas vezes, a mediunidade é que se impõe à pessoa, não o contrário. Ela nos toma e subjuga, mesmo que não a queiramos! – disse Ermance.

– Gostei principalmente da parte em que ele diz que o espiritismo, assim como o magnetismo, é uma nova ciência e que é desse ponto de vista que deverá ser estudado.

– Concordo plenamente! – respondeu Jeanne tomando a revista das mãos da outra. Depois de um breve exame, encontrou algo que chamou sua atenção:

– Você reparou que Kardec também falou sobre seu livro neste primeiro número da *Revista*? – perguntou Jeanne, referindo-se ao artigo "*História de Joana d'Arc*, ditada por ela mesma à senhorita Ermance Dufaux".

– Gostei muito que ele tenha escrito sobre meus livros! Inclusive sobre as biografias de Luís XI e Carlos VIII. Fiquei lisonjeada!

– Imagino que você e *monsieur* Kardec ainda terão muitas histórias interessantes para contar!

– Prometo ser a pena fiel ou mesmo a voz incansável que irá auxiliá-lo a trazer do lado de lá para o lado de cá esse importante trabalho!

– Desejo-lhes sorte! Agora me deixe terminar de folhear esta revista, que ainda não tive a honra de receber o meu próprio exemplar! – completou Jeanne um tanto enciumada.

Paris, França.
Fevereiro de 1858.

– Veja isso, Watson! Não falta mais nada! Agora estamos exatamente iguais aos americanos em matéria de insanidade

O Cético | 145

e desinformação! – disse o advogado arremessando o volume que tinha nas mãos na direção do amigo, mal ele entrou no escritório.

– *Revista Espírita – Jornal de Estudos Psicológicos?!* Parece que se trata de uma nova e corajosa iniciativa de *monsieur* Allan Kardec! – respondeu Edward, lendo a capa em voz alta assim que conseguiu agarrá-la.

– Soube que essa 'preciosidade' foi lançada em janeiro! O exemplar que tem em mãos é o segundo número. Adivinhe qual é o bruxo que está sendo exaltado nesta oportunidade? O jovem levitador escocês, Daniel Dunglas Home, claro!

– O amigo está um pouco desatualizado. Permita-me corrigi-lo, pois me parece que seu maior talento não é a levitação, mas a materialização de espíritos moldados com a ajuda de fluidos magnéticos retirados do próprio médium. Ouvi dizer que, na terceira sessão que Home realizou no palácio das Tulherias, materializou-se a mão de um homem que tomou de um lápis e assinou 'Napoléon' numa folha de papel. O imperador reconheceu a assinatura de seu famoso tio e a imperatriz Eugênia pediu permissão para beijar a mão materializada, que se elevou pelo ar a fim de receber o beijo real.

– Começo a crer que esses médiuns, além de grandes farsantes, são magníficos hipnotizadores! – disse Arthur, dando uma gostosa gargalhada. – Ah! Se me deixassem examinar de cima a baixo esse ilusionista cara de pau! Tenho certeza de que bastaria um minuto para desmascará-lo. Aliás, essa conversa me deu uma ótima ideia, Watson! Enviarei agora mesmo uma carta ao farsante, onde irei desafiá-lo a fazer uma sessão pública! Poderá ser no lugar que ele quiser, mas com a condição de que eu seja o único '*controller*'!

– Não perca o seu valioso tempo, caro amigo! Todos sabem que *mister* Home é muito seletivo na escolha de suas diminutas plateias e que só frequenta um restrito círculo de amigos. De preferência, que pertençam à nobreza das cortes européias, exceção feita a reis, imperadores e afins...

146 | José Bento / Ada May

O sarcasmo do comentário de Edward eclipsou o entusiasmo do advogado, justamente porque a informação estava calcada na mais pura verdade.

– Bah! Esse Home não passa de um covarde, a esconder-se debaixo da púrpura dessa nobreza excessivamente crédula e medíocre! Lembra-se do desafio proposto pelo jornal *Boston Courier* que convidou vários médiuns para que exibissem seus fenômenos diante de um grupo de professores e cientistas da universidade de Cambridge?

Watson limitou-se a responder afirmativamente, com um aceno de cabeça.

– Pois nesta edição da *Revista*, o escritorzinho espírita teve o descaramento de expressar sua opinião sobre o assunto num artigo intitulado, "Os médiuns julgados – desafio proposto na América". O artigo coloca em dúvida a opinião dos renomados avaliadores que, na ocasião, julgaram que nenhum dos médiuns participantes merecia receber o prêmio proposto pelo jornal americano justamente porque não haviam comprovado seus fenômenos com evidências concretas.

"Porém, Kardec justifica o fracasso dos médiuns em produzir seus tão decantados fenômenos com a afirmação de que os 'espíritos superiores' não se submetem a dar provas de nenhuma espécie aos que não queiram acreditar em suas palavras! Ora, assim fica muito fácil para essa doutrina desqualificada afrontar qualquer parecer verdadeiramente científico!

"Agora, acompanhe meu raciocínio: assim como a ciência criminal considera que 'sem corpo não há crime', podemos afirmar que 'sem uma prova concreta do fenômeno não há espírito', não é verdade?" – concluiu o investigador

Mas, no instante seguinte, Arthur foi tomado por um verdadeiro acesso de fúria, em que arrancou a revista das mãos do amigo, juntou a que estava lendo segundos antes e arremessou tudo violentamente no cesto de lixo.

– Pronto. Agora, sim, essas porcarias estão no lugar que merecem.

O Cético | 147

Depois, levantou-se e foi até a janela para conferir o clima do dia:

– Caro Watson, antes de sair, trate de pegar suas galochas, porque hoje o tempo está horrível. Com toda essa neve derretida acumulada junto ao meio-fio, você certamente terá várias lesões para tratar naquela clínica! Ao trabalho, que o dever nos chama! Vá cuidar de seus pacientes... – ordenou.

– Eu cuido dos aleijões provocados pelo degelo, enquanto o amigo vai ao banco receber e contar mais alguns milhões de francos! Veja que mundo mais injusto! – brincou o médico.

– Que poderá ficar ainda pior se o seu atraso diário acabar resultando num médico desempregado!

Enquanto os cavalheiros trocavam farpas de mentira, Alfred surgiu à porta trazendo nas mãos as galochas de ambos:

– Acho que precisarão calçar suas galochas, senhores. Está muito escorregadio lá fora...

– Eis que a mordomia finalmente chega às classes subalternas! – respondeu Watson, aproveitando para dar um abraço no esquivo mordomo inglês, tradicionalmente avesso a demonstrações de afeto.

Paris, França.
Abril de 1858.

– Venha, Jeanne! Já estamos atrasadas! Precisamos ir o quanto antes, pois *monsieur* Kardec está a nossa espera!

– Você quis dizer que ele está a sua espera! Afinal, você é a convidada de honra!

– Nada disso. Sou apenas um instrumento de trabalho... A pena necessária para traduzir o pensamento alheio, que nos chega vindo do além... – completou Ermance, arrastando a amiga até o fiacre que as aguardava.

148 | JOSÉ BENTO / ADA MAY

– *S'il vous plaît*, siga para a galeria Valois, no Palais-Royal.

– Como se chama a nova associação? – perguntou Jeanne, curiosa como um gato.

– Sociedade Parisiense de Estudos Espíritas.

– Um nome adequado, mas pensei que, depois da fracassada tentativa de Orsini de liquidar com Napoleão III, todos nós tivéssemos que nos submeter a sua Lei de Segurança Geral. Aliás, essa lei marcial não foi baixada justamente para proibir que novos conspiradores se reunissem à sombra do imperador? – perguntou Jeanne, sem disfarçar o tom de ironia na voz.

– Acontece que não somos conspiradores! Papai fez a gentileza de contatar um de seus amigos importantes. Neste caso, foi o prefeito de polícia da cidade de Paris, que intercedeu a nosso favor, argumentando que não se tratava de constituir uma sociedade política ou coisa parecida. Trata-se de um grupo de pessoas honradas tentando encontrar um lugar para estudar e ampliar a filosofia espírita! – respondeu Ermance, visivelmente contrariada.

– Cara amiga, quem te viu e quem te vê! Agora é uma filósofa! *Très chic*! – disse Jeanne caindo na risada, apesar do ar de contrariedade no rosto da amiga. – Desculpe, estou brincando contigo! É que ainda ontem, você era minha bonequinha... que cresceu tão rápido que agora escreve livros e discute filosofia! Acho que estou ficando velha rápido demais...

– Que culpa tenho se somos mulheres modernas?! Mais algum tempo e você se formará em medicina! Também nunca pensei que teria uma amiga doutora!

Por um instante, uma sombra de tristeza cobriu o semblante jovial de Jeanne:

– Estudar medicina tem sido uma árdua batalha, vencida dia-a-dia... Já para me formar terei que travar uma verdadeira guerra! Acho algo impossível que eu consiga obter a licença necessária para clinicar, no máximo eles me permitirão trabalhar como enfermeira...

– Nunca! Não deixe que esses doutores preconceituosos a intimidem! Acaso o teu estudo e competência é menor do que

O Cético | 149

o deles, apenas por conta de ser mulher? Basta que convoques o teu bravo general inglês! Ele decerto há de te ajudar a vencer essa guerra!

– Não tenha tanta certeza disso... Creio que os ingleses também podem ser muito preconceituosos e ainda mais tradicionalistas do que os franceses... Mas, na verdade, ainda não falamos sobre isso...

– Parece que, apesar do noivado, ainda existem muitos assuntos importantes sobre os quais vocês não conversaram... – argumentou Ermance.

– Chegamos, *mademoiselle*! – avisou o cocheiro, interrompendo a conversa.

Quando as senhoritas entraram na sala alugada para sediar a sociedade espírita, todos os outros convidados para o pequeno evento de abertura já estavam presentes.

Allan Kardec presidiu os trabalhos da maneira como fazia habitualmente nas reuniões que aconteciam na sala de seu apartamento, na *rue* de Martyrs. Um breve resumo desse evento seria publicado na edição de maio da *Revista Espírita*, onde Kardec escreveria:

A extensão, por assim dizer, universal que tomam cada dia as crenças espíritas fazem desejar vivamente a criação de um centro regular de observações; essa lacuna acaba de ser preenchida. A Sociedade, da qual estamos felizes de anunciar a formação, composta exclusivamente de pessoas sérias, isentas de prevenções e animadas do desejo sincero de esclarecimento, contou, desde o início, entre os seus partidários, com homens eminentes por seu saber e por sua posição social.

Ela está chamada, disso estamos convictos, a prestar incontáveis serviços para a constatação da verdade. Seu regulamento orgânico lhe assegura homogeneidade, sem a qual não há vitalidade possível; está baseada na experiência de homens e de coisas, e sobre o conhecimento das condições necessárias às observações que fazem o objeto de suas pesquisas. Os estrangeiros que se interessam pela doutrina espírita encontrarão, assim, vindo a Paris, um centro ao qual poderão se dirigir para se informarem e onde poderão comunicar suas próprias observações.

Nessa mesma ocasião, Allan Kardec foi nomeado como presidente da Sociedade, que também elegeu o espírito de são Luís como seu presidente espiritual.

Somente bem mais tarde, Kardec conseguiria se reunir com Ermance e Jeanne para uma conversa privada.

– *Monsieur* Kardec, gostaria de agradecê-lo pela gentileza de mencionar meu livro na *Revista Espírita*. Fiquei muito lisonjeada! – disse Ermance, assim que o professor se aproximou.

– Cara Ermance, não me agradeça! Saiba que admiro muitíssimo o seu trabalho! Quando virá o próximo?

– Como em tantos outros assuntos, penso que teremos que perguntar a são Luís... – e seus amigos sorriram em sinal de simpática concordância.

Quando a agradável reunião terminou e as duas senhoritas pegaram a caleça de volta para casa, traziam a alma leve e feliz, compartilhando uma agradável sensação de dever cumprido. Porém, havia uma dúvida espetando o jovial espírito de Ermance, que acabou cedendo à irresistível vontade de mexericar:

– Amiga, sabe que adoro sua companhia, mas estive pensando... Pelo que vi hoje, imagino que pretenda continuar frequentando as reuniões na Sociedade Espírita, não é mesmo?

– Não entendi... Por que eu não haveria de frequentá-la? Por acaso, acha que não sou bem-vinda? – perguntou Jeanne com uma ruga de preocupação surgindo em sua testa.

– Claro que você é bem-vinda! Tenho certeza de que *monsieur* Kardec aprecia sua presença e incentiva sua participação no grupo! – respondeu Ermance, aflita com o que precisava dizer. Enfim, tomou coragem e desabafou:

– Amiga, às vezes, acho que é você quem vive com a cabeça nas nuvens. Por acaso, ignora que seu noivo é um inimigo feroz do espiritismo? Como Arthur C. Davenport reagirá quando descobrir que sua excelentíssima noiva participa de nossa sociedade?

Jeanne continuou muda, aquela ruga de preocupação finalmente contaminando toda sua fisionomia.

– Já sei. É só outra coisa sobre a qual vocês ainda não falaram... – murmurou Ermance, visivelmente contrariada.

– Deixe estar, amiga. Vou me preocupar com isso apenas quando for preciso e não antes. Garanto que poderá contar com minha fiel companhia para as sessões das terças-feiras na sociedade espírita!

Ermance deu de ombros e, pela primeira vez na vida, sentiu que sua intuição suplantava a costumeira sabedoria que norteava as decisões da amiga mais velha. A mesma intuição que clamava que muito em breve todas aquelas palavras não ditas estariam ardendo como faíscas num rastilho de pólvora quando Arthur descobrisse quais eram as verdadeiras crenças de sua noiva.

"Que Jesus nos proteja!" – pensou ela, lembrando-se da raivosa animosidade que o advogado devotava ao espiritismo e seus seguidores.

Paris, França.
Maio de 1858.

Naquela tarde de sábado, Jeanne chegou pontualmente à hora do chá à mansão de Arthur e, como de hábito, foi cerimoniosamente recebida por Alfred, que a conduziu até o escritório de Arthur no andar superior.

Jeanne ficou surpresa ao encontrá-lo lendo a edição de abril da *Revista Espírita* e achou que poderia ser uma boa hora para entabular aquela conversa difícil que vinha adiando há tanto tempo. A verdade é que Jeanne considerou que a presença da revista nas mãos de seu noivo exigia alguns esclarecimentos imediatos.

– Não imaginava que seu interesse pelo espiritismo o levasse a ler tal publicação... – disse a jovem, para início de assunto.

– Todo cuidado é pouco, minha cara! É preciso vigiar de perto o inimigo! – Arthur respondeu e, como bom cavalheiro, levantou-se da poltrona para recebê-la.

– Como assim? Não me diga que se dá ao trabalho de ler a revista somente para poder divergir?

– Muito mais do que divergir! Eu a leio de cabo a rabo para conhecer seus descabidos postulados a fim de desenvolver os argumentos necessários para melhor combatê-los!

"Por exemplo, veja este novo artigo que o embusteiro Kardec publica este mês; é o terceiro, se não me falha a memória, falando sobre o mesmo farsante. O médium em questão é um jovem escocês chamado Home, que se diz capaz de fazer aparecer pedaços de defuntos, mais especificamente, de mãos defuntas!

Jeanne respirou fundo, tentando criar coragem para contra--argumentar, mas tendo plena consciência de que iniciaria uma discussão cujo final seria absolutamente imprevisível:

– Sei que estamos falando de uma coisa nova, mas será que alguém de fato provou que esses fenômenos são impossíveis de acontecer? Será que, num ambiente favorável, sob a assistência das pessoas certas e, principalmente, com a presença de um médium capaz de gerar esse tipo de fenômeno, não será possível que tais aparições materializadas possam realmente ocorrer...

– Talvez possam, se esse ambiente favorável for o circo ou o manicômio! – rosnou Arthur, visivelmente incomodado com os rumos que a conversa ia tomando.

– Você está sendo radical! O verdadeiro pensamento científico deve considerar e testar todas as premissas de um fato an-

O Cético | 153

tes de descartá-lo como inverossímil ou improvável. Tem sido assim com todas as descobertas importantes, da eletricidade ao magnetismo... É preciso que esses fenômenos sejam estudados à luz da ciência a fim de que os mecanismos que os provocam sejam efetivamente esmiuçados e esclarecidos! A ciência deve estar acima de todo e qualquer preconceito!

– Agora fiquei confuso, *mademoiselle*... Justamente porque não consigo imaginar de qual escola científica deverá partir tal pressuposto... Qual das ciências ficará responsável por esse estudo? Acaso será a matemática? Talvez, a física? – perguntou Arthur, a voz tinindo de pura ironia.

– Por que não uma nova ciência? A própria ciência espírita... – respondeu Jeanne, e, como sabia que tinha usado artilharia de grosso calibre, esperou por um rebote à altura.

De imediato, Arthur saltou da poltrona para junto da noiva como se fosse um tigre pronto para devorar sua presa. As narinas fremindo de raiva e o olhar esgazeado denunciaram o descontrole de suas emoções convulsionadas, segundos antes de ele começar a gritar:

– Que é isso? Você parece falar pela boca de Kardec! Repete como uma discípula os mesmos postulados com que ele tem alimentado este lixo! – disse Arthur, brandindo a revista a um palmo do nariz da jovem.

Em seguida, Arthur largou a revista e agarrou os braços de Jeanne, enterrando os dedos ossudos em sua carne alva, como se fossem as tenazes do torturador seviciando sua vítima:

– Eu a proíbo! Nunca mais quero ouvi-la repetindo esse rosário de mentiras deslavadas ditadas pela mente desse hipnotizador ensandecido! – agora, sim, ele gritava completamente descontrolado.

– Solte-me! – ordenou Jeanne num fio de voz, alarmada com a insuspeitada violência com que o noivo a atacara. – Não se atreva a me tocar novamente!

A jovem correu para o lado oposto da sala, procurando por refúgio postar-se atrás da grande mesa de carvalho maciço, já que não reconhecia naquele indivíduo truculento e fora de si o homem gentil e educado por quem era apaixonada. Apesar do absurdo daquela imprevista realidade, não seria uma emoção pueril como o medo que a impediria de dizer o que precisava ser dito:

– *Monsieur* Kardec não é louco, absolutamente! É um visionário que estudou muito para compreender os mecanismos que estão no cerne de questões fundamentais e seus respectivos fenômenos! Essas são dúvidas que perseguem a humanidade desde que esta se levantou do berço! Pode-se dar o nome que se quiser para explicá-los! Porém, sejam chamados de espíritos, almas ou assombrações, a verdade é que suas histórias e seus feitos estão presentes na vida dos indivíduos desde o início dos tempos!

– Acaso você também é uma espírita para defender esse impostor e sua causa com tamanha veemência? – perguntou o advogado, fazendo um esforço sobre-humano para controlar seu gênio ruim.

– Sim. Tenho orgulho de afirmar que perfilo as fileiras do espiritismo. Sou espírita! – reagiu Jeanne, falando a plenos pulmões.

Arthur levou a mão ao peito, repetindo o gesto do soldado ferido que tivesse sido atingido em cheio por uma bala mortal; depois, deixou-se cair pesadamente numa poltrona.

– Agora vejo o quanto estive enganado! Pensei que sua simpatia para com os espíritas se restringisse a sua amizade com Ermance... Que somente por fidelidade a ela você fazia vista grossa ao restante... Aliás, como eu mesmo tenho feito esse tempo todo... – o advogado desabafou, completamente aturdido pelo peso da verdade que o atingia em cheio.

– Sinto perceber a extensão do seu engano. Mas saiba que não tive nenhuma intenção de enganá-lo, apenas subestimei o tamanho do seu desagrado com o assunto. Porém, a verdade é que, mesmo contra sua vontade, tenho que me reconhecer como espírita, já que compartilho sua filosofia e tenho frequentado as reuniões da sociedade espírita sempre que posso.

O Cético | 155

– Não é possível! Não posso crer num tal disparate! Você é uma hipócrita! Uma mentirosa! – ele voltou a gritar, visivelmente descontrolado.

– Como ousa me insultar! Lamento não ter desfeito este equívoco antes, mas, na realidade, você nunca perguntou o que eu pensava sobre o espiritismo! – Jeanne gritou de volta, finalmente perdendo a calma.

– Pensei que você soubesse como eu me sinto a respeito dessa corja de hipócritas! Que esses espíritas são um bando de charlatões que vivem de mentir e de enganar, vendendo ilusões para arrancar tostões de viúvas e de órfãos! Você traiu minha confiança! – ele devolveu, usando o mesmo tom.

– Ou será que você deliberadamente ignorou minha opinião por considerá-la sem nenhuma importância, Arthur? Somos pessoas diferentes! Eu tenho direito de ter minha própria forma de pensar! Não é justo que queira me obrigar a renegar minhas convicções...

– Jamais admitirei isso! Não posso me casar com uma... espírita! – disse Arthur, cuspindo a última palavra como se fosse um insulto.

– Neste caso, acredito que nossas diferenças são irreconciliáveis... – arrematou Jeanne, resoluta.

O advogado fez-se de surdo e seguiu desfiando uma extensa lista de providências:

– Não admitirei que continue com essas amizades! Hoje mesmo irei falar com teu pai! Tenho várias exigências a fazer: quero que nosso casamento se realize o quanto antes! Faremos uma cerimônia simples, apenas com os convidados indispensáveis e um juiz de paz. Após o casamento, seguiremos imediatamente para Londres! Tenho certeza de que o convívio com pessoas normais, numa cidade com arraigada tradição cultural e religiosa, que se mantêm há séculos a salvo de influências perniciosas, irá trazê-la de volta à razão!

– Decidiu tudo isso sozinho, pois não? Mais um minuto de discussão e você me arrastará para a igreja mais próxima sob a acusação de estar endemoniada! Quem sabe, não exigirá que eu seja exorcizada pelo bispo em pessoa? E, se nada disso funcionar, sempre haverá o hospício como último recurso para controlar um rebelde, não é mesmo?

Jeanne estava tão irritada que abandonou o esconderijo atrás da mesa e foi até a janela, que abriu de par em par, na tentativa de colher uma brisa que pudesse apaziguar a raiva que latejava em suas têmporas.

– Sinto muito, Arthur. Por maior que seja o amor que lhe dedico, não posso seguir adiante com isso... Penso que estive tentando me enganar durante esse tempo todo. No íntimo, eu sempre soube que nossas diferenças são intransponíveis!

– Como assim? – murmurou o leão ferido.

– Você tampouco percebe o absurdo que há nas coisas que diz! Você ordena que eu renegue meus amigos, minhas crenças e até mesmo meu país, somente para poder ser sua esposa! Não há amor no mundo que seja capaz de suportar tamanho sacrifício!

Jeanne retirou do dedo a magnífica joia que ganhara de Arthur na ocasião do noivado e, em seguida, retornou até a grande mesa, onde depositou o anel que representava seu compromisso.

– Adeus, meu amor... – ela murmurou e deixou a sala, sem sequer olhar para trás.

Completamente aturdido, mas sem proferir uma única palavra, Arthur observou a noiva abrir e fechar a porta, vagamente consciente de que naquele instante ela saía de sua vida para sempre. Sentindo-se destroçado com a decisão de Jeanne, Arthur não conseguia assimilar o que acabara de acontecer ali. Era inaceitável que uma única discussão tivesse o poder de liquidar definitivamente um relacionamento!

Seu primeiro impulso foi o de correr atrás dela, mas, ao imaginar o que viria a seguir, teve que recuar. Conhecia Jeanne e sabia que ela nunca abdicaria de suas convicções, o que tornava a convivência entre eles absolutamente impraticável.

Num instante, Arthur percebeu o tamanho de sua ruína, porque, se lhe parecia impossível viver com a espírita Jeanne, mais impossível ainda seria viver sem ela. De qualquer modo, sua vida acabava ali. Tomado pela ira, Arthur pôs-se a gritar com as paredes, por serem as únicas testemunhas de seu infortúnio:

– Maldito Allan Kardec! Maldita Ermance Dufaux! Malditos espíritas! Malditos sejam todos para sempre! – ele gritava, enquanto arremessava pelos ares tudo o que encontrava pela frente.

Alfred abriu a porta e, por muito pouco, não foi atingido por um cinzeiro que passou voando rente a sua cabeça.

– Faça as nossas malas! Amanhã mesmo quero viajar de volta a Londres! E trate de juntar o máximo de tralhas que puder carregar, porque não pretendo voltar a esta terra amaldiçoada nunca mais.

12

Paris, França.
Julho de 1858.

Passava do meio-dia e o sol abrasador do verão fervia o calçamento de pedra da cidade, levando Watson a pensar que seria possível fritar um ovo sobre os degraus da catedral de Notre Dame. Por isso mesmo, atravessou a praça Parvis à procura de um banco que estivesse à sombra e por sorte encontrou um disponível. Sentou-se, tirou o chapéu suado e jogou a cabeça para trás, tentando encontrar a posição mais adequada para admirar a majestosa catedral. Ainda garoto, estudando na escola pública em Londres, Edward aprendera que a construção da monumental catedral francesa se iniciara em 1163 e jamais esquecera essa informação. Guardara para si o desejo infantil de conhecê-la pessoalmente em sua futura vida de adulto. Queria ser um aventureiro, percorrer toda a Europa, quem sabe ir até os limites do mundo civilizado!

A vida real havia contrariado um pouco seus devaneios de menino, mas, felizmente, não o privara de ser um cidadão do mundo e tampouco de conhecer Paris. Justamente por isso, a pequena Île de la Cité era seu lugar preferido, e como ficava mais ou menos no caminho para a clínica, bastando que se fizesse um ligeiro desvio que custava uma caminhada adicional de dois quarteirões, as visitas à catedral viraram uma prazerosa rotina. Para o deleite do menino que se tornara um médico respeitado, uma súbita brisa trazida pelas águas turvas do rio Sena o alcançou, aliviando a sensação de calor insuportável.

– Deve ter sido exatamente aqui que Victor Hugo recebeu a inspiração para escrever seu magnífico romance *Notre-Dame de Paris* – Edward comentou em voz alta, falando com os passarinhos que revoavam entre o arvoredo.

"Nada melhor do que viver um instante de contemplação", pensou. Porém, passados menos de dez minutos, o médico retirou o relógio do bolso e constatou que estava irremediavelmente atrasado para as consultas da tarde.

– Adiante, homem! Que a doença de seus pacientes te espera! – ordenou a si mesmo, pulando do banco.

No entanto, o destino havia reservado para o médico naquele trágico dia de verão algo ainda mais terrível do que a doença de seus pacientes.

– Annette, que faz na clínica até esta hora? O período da tarde não pertence à *mademoiselle* Jeanne? – perguntou o médico, assim que chegou e viu a assistente do período da manhã ainda em serviço.

– Sim, doutor! Mas Jeanne está febril e indisposta, por isso não achei conveniente que ficasse com os pacientes. Pedi uma substituta para cobrir Jeanne e agora estou esperando que ela chegue para que eu possa ir para casa.

– *Mademoiselle* Jeanne também foi para casa?

– Não, senhor. Sabe como ela é dedicada... Insistiu comigo que iria tomar uma medicação e esperar na enfermaria até melhorar. Disse que assim que pudesse retornaria ao seu posto...

O médico não gostou de ouvir aquilo e seguiu imediatamente para a enfermaria com a intenção de atender a assistente indisposta e depois despachá-la para casa. Ele sabia que Jeanne trabalhava além da conta e não permitiria que sacrificasse sua saúde pelo trabalho.

No entanto, assim que Watson viu a jovem deitada sobre a cama, seu coração de amigo zeloso sofreu um sobressalto. Jeanne estava mais branca que os lençóis e ardendo em febre.

– Cara amiga, diga-me o que está sentindo?!
– Sinto cólicas! É uma dor aguda e constante bem aqui... – disse a jovem, apontando para o baixo ventre. – E tenho sede... Uma sede terrível!

O médico examinou a jovem imediatamente, constatando uma febre de mais de quarenta graus. Depois de medicá-la novamente, ele avisou aos outros funcionários que seria melhor que Jeanne permanecesse internada até que se descobrisse a causa de sua doença. Encaminhou-a imediatamente para um quarto isolado e saiu à procura de Annette.

– Mande alguém ir chamar o pai de Jeanne, *monsieur* Maginot. Diga-lhe para vir o quanto antes! E, ao menos por enquanto, é melhor manter Jeanne isolada no quarto, longe dos outros pacientes! Somente nós dois cuidaremos dela! – ordenou o médico à enfermeira.

– O que ela tem doutor? – perguntou Annette, alarmada por tantas recomendações.

– Ainda não tenho certeza, mas os sintomas indicam que é cólera.

Já era madrugada quando o doutor Watson finalmente decidiu que precisava ir para casa, partindo a contragosto, porque teria preferido mil vezes permanecer na clínica e cuidar de Jeanne pessoalmente.

Porém, infelizmente, durante as últimas horas o quadro clínico de sua amiga havia evoluído rapidamente, confirmando seu diagnóstico inicial. Ao cair da noite, a febre da paciente havia aumentado novamente e ela passara a delirar. O médico

162 | JOSÉ BENTO / ADA MAY

tentou inutilmente interrogá-la em busca de informações que pudessem ajudá-lo a localizar o foco mortífero antes que surgissem novas vítimas da execrável doença, mas sua paciente delirava e apenas balbuciava coisas sem sentido.

No entanto, era responsabilidade do médico avisar as autoridades sanitárias de Paris o mais rápido possível, a fim de que se iniciasse imediatamente a busca pelo foco que estava disseminando a cólera pela cidade. Diante dessa situação crítica e sem nenhuma pista de onde começar sua busca, Watson só conseguia pensar em Arthur para ajudá-lo. Sabia que, se o tarimbado investigador não conseguisse encontrar o maldito foco, então, que Deus os ajudasse, porque ninguém mais poderia. Por isso, apesar de saber o tamanho do fardo que colocava sobre as costas do amigo, em vez de ir à prefeitura, o médico correu para casa.

Sorrateiro como um gato, Edward subiu as escadas da mansão dos Davenport, depois caminhou pé ante pé, até estacar em frente à porta do quarto de Arthur. Ficou ali parado por alguns minutos, pensando se estaria fazendo a coisa certa. Afinal de contas, as feridas de Arthur mal tinham começado a cicatrizar... Seria justo que fosse ele, o melhor amigo, que afundaria o dedo num ferimento que sequer cicatrizara?

Lembrava-se vivamente da tormenta que quase arruinara o amigo quando Jeanne terminou o noivado, sem lhe dar direito a uma segunda chance. Apesar de torcer para que os dois se casassem, no íntimo, ele temia que o casal não fosse capaz de navegar pelo verdadeiro oceano de diferenças que os separava.

Como era um otimista nato, Edward fez tudo o que estava ao seu alcance para impedir que o amigo magoado embarcasse no primeiro vapor de volta à Londres. Gastou muito tempo e saliva para convencê-lo a ficar em Paris mais alguns meses e, na ocasião, usou a primeira desculpa que surgiu em sua mente aflita:

– Fique aqui ao menos até meados de agosto, que é quando participarei do congresso médico em Genebra! Então, partiremos juntos! Iremos até o encontro em Genebra e de lá seguire-

O Cético | 163

mos direto para Londres! Você sabe que, sem sua companhia, acabarei desistindo de ir! – chantageou o médico. E tanto implorou que Arthur acabou convencido por sua insistência, e somente pelo bem do amigo foi que aceitou esperar até o início de agosto. Talvez, ao esperar pelo amigo, Arthur estivesse, inconscientemente, dando ao destino uma última oportunidade de reaproximá-lo de Jeanne.

"Mas não era necessário que o destino usasse um artifício tão tortuoso como esse..." – pensou o médico, enquanto balançava o corpo diante da porta fechada, criando coragem para bater.

De repente, a porta se abriu abruptamente e a silhueta longilínea e altiva de Arthur surgiu em meio à penumbra do corredor mal-iluminado:

– Saiba que pode não ser uma boa ideia ficar parado diante da porta de um homem a esta hora da noite sem providenciar uma identificação qualquer... – avisou o amigo insone abaixando a pistola que tinha na mão assim que reconheceu Edward em meio à penumbra do corredor.

– Por Deus, Arthur! Esqueci como você é nervoso! Por acaso pensou que fosse um ladrão invadindo seus domínios? – disse o amigo, assustando-se ao vê-lo de arma em riste.

– Sou apenas precavido. Entre, homem! Ou vai ficar aí parado até o dia amanhecer?

– Por favor, esclareça-me uma dúvida, caso eu precise fazer isso novamente. Tomei muito cuidado ao subir a escada e tenho praticamente certeza de que não fiz ruído algum. Diante disso, me responda sinceramente, como soube que eu estava parado aqui?

– Caro Watson, deixe-me explicar: eu estava sentado em minha poltrona favorita, desfrutando dos prazeres inenarráveis da insônia, quando vi claramente que a sombra de uma silhueta subitamente obscureceu o vão da porta. Observe que isso acontece porque o corredor não está imerso na escuridão absoluta, já que recebe a luz da lua cheia que há lá fora através da claraboia. Esse é o truque: a luz do luar o denunciou!

– Tudo fica óbvio depois que você explica! Como sou estúpido!

– De forma alguma, apenas distraído. Agora me diga, caro amigo, o que o trás ao meu quarto nesta hora tão tardia. Aconteceu algo urgente, imagino...

– Sim! Preciso de sua ajuda porque tenho um grave problema na clínica: um paciente com cólera! – respondeu o médico, de olhos postos no chão para evitar que o amigo visse o medo que refletiam.

– Está me dizendo que há um foco de cólera em Paris? Como isso é possível? – perguntou Arthur, incrédulo.

– Improvável, mas não impossível... Preciso de sua ajuda para localizar esse foco de contágio o quanto antes. O estado de meu paciente é grave, com um quadro de sintomas cujo diagnóstico é irrefutavelmente positivo para cólera.

– Meu caro, acredite-me, se houvesse um surto de cólera acontecendo nesta cidade, nós certamente já saberíamos! As más notícias viajam a galope!

– Talvez sim, talvez não. Acompanhe meu raciocínio: mesmo que haja um foco de cólera pipocando em algum lugar retirado dos subúrbios, as autoridades só começarão a se mexer quando a doença ameaçar a área nobre da cidade. Esta é a triste realidade!

– Por acaso, seu paciente mora no subúrbio? – perguntou o investigador, iniciando imediatamente a coleta das pistas.

– De modo algum. É uma jovem burguesa... – respondeu o médico, e mordeu a língua porque ainda estava indeciso quanto à necessidade de revelar a identidade de sua paciente.

– Agora, responda-me, qual é a chance real de uma dama da elite parisiense contaminar-se com uma cólera que porventura surgisse nos confins da cidade velha? – tornou o investigador.

– Praticamente nenhuma, a não ser que a dama em questão tivesse o hábito de perambular pelos cortiços da periferia com a intenção de tratar dos pobres que não têm acesso a nenhum tipo de assistência médica... – o médico se aborreceu com a insistência do amigo, acabando por responder sem pensar e falou mais do que pretendia.

Por um momento as pernas de Arthur fraquejaram e ele teve que procurar pela poltrona mais próxima a fim de não desabar ali mesmo.

– Por favor, Edward, não me diga que o paciente de quem estamos falamos é...

– Jeanne! – o médico respondeu num sussurro, enterrando os dedos compridos entre os cabelos desgrenhados, num gesto de evidente desespero.

– Tantas vezes eu a repreendi por agir dessa forma imprudente! Claro que ela nunca me ouvia. Respondia que os necessitados só podiam contar com a sua ajuda, que por sua vez também precisava deles para a ajudarem a praticar a virtude da caridade...

Arthur engoliu em seco. Sabia melhor do que ninguém quão inútil e frustrante podia ser a experiência de discutir com uma pessoa tão dedicadamente teimosa como Jeanne. Abaixou a cabeça e sorriu tristemente, pensando que tal comportamento desapegado e benevolente, mesmo sendo absurdamente inconveniente e perigoso, constituía uma bela definição para o gentil caráter de sua noiva.

"Ela não é mais sua noiva" – pensou Arthur, sentindo um desconcertante aperto renascendo no peito.

– Será que Jeanne aceitou a água da casa de alguém, mesmo sem saber de onde vinha? – perguntou o investigador, consternado com uma ideia que lhe parecia inconcebível.

– Provavelmente. Com o calor que anda fazendo, dificilmente nos ocorrerá recusar um copo d'água que apareça providencialmente na hora da sede infernal, apenas por não lhe sabermos a procedência.

Arthur balançou a cabeça negativamente para sinalizar que não concordava com aquele raciocínio, pois sempre fora muito preocupado com a procedência de tudo que ingeria. "Será por acaso a 'fobia do rei', uma espécie de medo inconsciente de ser envenenado?" – era a voz de uma mente em pânico, cavalgando desgovernada.

– Também é fato que há anos não temos nenhum caso dessa doença maligna em Paris. Com o passar do tempo, a tendência natural é que as pessoas acabem se esquecendo de tomar as precauções necessárias com a higiene e a saúde... – completou o médico.

Arthur suava em bicas, não tanto pelo calor, porque o ambiente estava fresco àquela hora avançada da madrugada, mas de pura preocupação.

– Edward, por favor, seja franco, qual é a situação de Jeanne?

– Seu estado é grave, porém, estável. Ela foi devidamente medicada, agora só nos resta torcer para que seu organismo jovem responda à medicação e combata a doença por si mesmo.

– Posso ir vê-la? – perguntou Arthur, o medo estampado na face amarelecida e abatida por meses de sofrimento.

– Ela está isolada e semi-inconsciente. A febre alta provoca delírios e calafrios que castigam seu corpo, por isso, acho melhor que continue em repouso absoluto... Acho mais prudente que espere até de manhã, quando ela certamente estará melhor.

Por um instante, Arthur pensou que a sensação de impotência iria sufocá-lo. Concluiu que não suportaria ficar ali parado, apenas ouvindo uma série de desculpas médicas que apenas pretendiam afastá-lo de sua amada. Tomado por um impulso, vestiu-se apressadamente com as mesmas roupas que usara durante o dia e que jaziam jogadas sobre uma cadeira, calçou suas botas de montaria e depois saiu da sala sem dizer nada.

– Espere! De nada adiantará ir até lá! Não permitirão que a veja! – avisou Edward elevando a voz. – Além do mais, preciso de sua ajuda para encontrar o foco dessa maldita doença! – terminou falando consigo mesmo, consciente de ouvir o amigo descendo a grande escadaria.

Watson permaneceu no quarto, de olhos fixos na parede como um lunático, por uns bons minutos. Até que se pôs a rezar em voz alta, compreendendo que era a única coisa que podia fazer para ajudar àquela altura dos acontecimentos.

Alfred aguardou pacientemente que Edward terminasse suas preces e só depois abriu a porta devagarzinho, trazendo uma pequena bandeja onde equilibrava uma xícara de chá preto indiano.

– Sabe se Arthur está no escritório? – o médico perguntou por perguntar, pois imaginava a resposta.

– Não, senhor Watson. Ele ordenou que eu fosse acordar o cocheiro e já faz uma boa meia hora que partiram na carruagem, a pleno galope. Não fosse muita indelicadeza de minha parte, diria que foram tirar o pai de alguém da forca.

A notícia levou Watson a retomar o escrutínio das minúsculas e abundantes flores mortas que adornavam a parede à sua frente. Completamente hipnotizado, mas incapaz de fugir de seu fascínio, Watson compreendeu que aquelas flores evocavam uma terrível possibilidade que ele gostaria de poder ignorar.

Era mais do que sabido que Arthur C. Davenport não admitia fracassos, fossem os seus próprios ou os alheios. Por isso, mesmo num momento de suprema impotência como aquele, sua mente rebelde não lhe permitiria ficar parado. Havia um problema crucial a ser resolvido, perguntas que precisavam ser feitas, respostas e soluções que precisavam ser encontradas.

Logo, se não era possível falar com Jeanne para saber por onde ela havia andado nos últimos dias, o investigador que animava sua alma precisava sair a campo e descobrir as respostas por si mesmo.

Além do mais, qualquer coisa seria melhor do que aquela aflição paralisante, que congelava o sangue nas veias. Podia sentir o medo circulando nesse mesmo sangue e intuía a dor que vivia no fim daquele circuito. Era preciso agir rápido para evitar perder o controle e tirar das mãos do destino traiçoeiro a chance de pôr tudo a perder.

168 | JOSÉ BENTO / ADA MAY

Assim, debaixo dos bafejos quentes daquela madrugada infernal, Arthur correu com sua carruagem até a residência dos Maginot. Lá chegando, arrancou a pobre ama da cama para interrogá-la com suas infames, porém necessárias perguntas.

Dessa forma, descobriu que Jeanne costumava andar pelo labirinto de ruas fétidas e insalubres que compunham o distrito de Auteuil, um antigo vizinho de Paris que, após ter sido anexado à cidade, tornara-se apenas mais um bairro do subúrbio. Decerto que obtivera uma informação incerta e insuficiente, mas ainda assim era um começo.

No entanto, enquanto a carruagem de Arthur percorria sem rumo certo o labirinto de ruas pobres de Auteuil, o investigador acabou sendo socorrido por uma ideia. Quando passaram diante de uma taverna, Arthur ordenou ao cocheiro que parasse e, em seguida, que fosse perguntar onde ficava o distrito de saúde daquela área. Assim que obteve a informação, o cocheiro levou seu patrão imediatamente para lá, estacando sua ostensiva carruagem em frente a uma pequena casa de esquina cuja aparência em nada diferia da pobreza do entorno.

Com apenas meia dúzia de frases, Arthur convenceu o secretário de Auteuil de que estava a serviço da prefeitura de Paris e que fora incumbido de descobrir se haviam notícias do surgimento de casos de cólera naquela região.

– Foi Deus quem o enviou, *monsieur* Arthur. Agora mesmo estamos diante de um novo surto e, se nada for feito para contê-lo, poderá ficar rapidamente fora de controle. Somente neste mês já contabilizamos treze mortos nesta região. Nós enviamos um relatório para a prefeitura juntamente com um pedido urgente de ajuda, justamente porque não temos a menor ideia de onde está o foco da atual contaminação!

– Como assim não têm ideia? – perguntou Arthur, incrédulo.

– A contaminação pode estar em qualquer lugar deste extenso quadrilátero de quarteirões paupérrimos. Pode ser uma fonte abandonada de onde ainda jorre um pouco de água ou alguma torneira comunitária enferrujada e sem reparo, ou ain-

O Cético | 169

da partir de algum aguadeiro que não cuide da higiene de seus tambores de armazenamento. Como o senhor pode ver, as hipóteses são muitas...

– Tem uma cadeira, por favor? Parece que será preciso ficar por aqui mais tempo do que imaginei a princípio... – pediu o investigador ao funcionário, no que foi prontamente atendido.

Em seguida, Arthur exigiu que o secretário trouxesse as fichas com os registros de todas as pessoas que tivessem passado pelo posto nos últimos dois meses, inclusive as fichas das que já haviam morrido. Depois de solicitar um mapa da região de Auteuil e uma caixa de alfinetes, ele finalmente começou a trabalhar. Ocupou-se em espetar no mapa um alfinete para cada ficha, sendo que cada alfinete correspondia ao endereço de um paciente atendido. Quando terminou, seu mapa de guerra ostentava mais de trinta alfinetes. A vantagem de perder quase duas horas realizando esse meticuloso trabalho foi que, depois de terminado, o mapa falava por si.

– Sabe se existe uma fonte ou torneira pública em funcionamento nesta área em particular? – perguntou Arthur ao funcionário assombrado, enquanto apontava um dedo comprido e acusador para um agrupamento muito peculiar de alfinetes que, qual um bando de ovelhas num rebanho, se ajuntava ao redor do que parecia ser uma diminuta praça.

O secretário procurou exaustivamente em seus livros de controle em busca de algum ponto de água localizado naquele lugar específico do mapa.

– Infelizmente, não tenho registro de nenhuma torneira pública nessa localização, *monsieur!*

– Arre! – roncou o leão. – Pouco importa! Quem me garante que esses registros não estão desatualizados? Dê-me o endereço assim mesmo. Qual o nome desta *petit carré?*

– É tão pequena que nem se pode chamar de praça, senhor – respondeu o secretário, anotando o nome num pedaço de papel, que entregou prontamente ao suposto encarregado enviado pela prefeitura de Paris.

Arthur despiu o mapa de seus alfinetes denunciadores, do-brou-o e o enfiou no bolso de sua sobrecasaca. Em seguida, pe-gou seu chapéu e, somente quando estava à porta, lembrou-se de que devia alguma satisfação ao secretário que o tinha ajuda-do com tão boa vontade.

– Muito obrigada, *monsieur*. Saiba que seu pedido de ajuda não ficará sem retorno. Aguarde um reforço para breve! Fez um ótimo trabalho. Tenha um bom dia – ao que o secretário respondeu com um suspiro de alívio, certo de que a prefeitura finalmente havia descoberto sua existência.

Naquela mesma tarde, o investigador descobriu o que a prefeitura de Paris devia estar cansada de saber, mas que não di-vulgava a ninguém. A minúscula praça denunciada pelo mapa da cólera localizava-se num bairro operário da periferia de Au-teuil, onde as pessoas viviam em situação de absoluta miséria.

Se Arthur tivesse tomado conhecimento da saga de Pierre Maginot, o primo revolucionário de sua ex-noiva, saberia que fora exatamente naquele remoto vilarejo que o herói iniciara sua militância. Ainda viviam por ali os paupérrimos empregados pari-sienses que, outrora revoltosos, haviam sido instigados por Pierre e seus correligionários a defender seus direitos junto aos patrões da elite francesa. No entanto, pela audácia de lutar por uma vida mais digna e justa, muitos desses trabalhadores haviam sucumbi-do no dia da grande 'Manifestação', a exemplo do próprio Pierre.

Passado tanto tempo, Jeanne descobriu por meio de uma paciente que morava no distante subúrbio que a vida daquelas pessoas continuava miseravelmente ruim. A jovem fez questão de ir ver com seus próprios olhos e teve que encarar uma reali-dade deprimente. Por fim, decidiu que o único jeito de enfren-tar tamanha miséria seria retomando a luta revolucionária do primo. Porém, em vez de pegar em armas, Jeanne preferiu usar sua valise de assistente médica, que recheou de medicamen-tos e instrumentos cirúrgicos e partiu para a luta, combatendo solitariamente a doença e a morte que campeavam livremente numa região esquecida pelo poder público.

O Cético | 171

Foi naquele reduto de pessoas abandonadas à própria sorte que a estudante passou a fazer o trabalho que seus professores da faculdade de medicina jamais permitiriam que realizasse entre seus pares. Assim, ao longo de vários meses, Jeanne usou seus conhecimentos médicos para ajudar aquela gente tão sofrida, até que a lança da doença finalmente a atingiu.

"Por mais que tente, não consigo imaginar minha Jeanne entrando e saindo desses casebres, andando por entre essas pocilgas, cuidando diligentemente dessa ralé..." – pensava o atormentado investigador Davenport, enquanto sua majestosa carruagem cruzava as ruas estreitas e fétidas da periferia.

Foi assim até o instante em que Arthur se viu cercado por um verdadeiro mar de casebres miseráveis, distribuídos em ruelas minúsculas e pestilentas, e finalmente concluiu que não seria mais possível prosseguir usando a carruagem como condução. Muito a contragosto, o investigador viu-se obrigado a dispensar temporariamente aquele conforto e continuou a pé, adentrando sozinho no labirinto miserável.

Concentrando toda sua atenção no mapa mortalmente ferido por tantos alfinetes, o investigador seguiu pelas ruelas pútridas, pulando pocilgas, esquivando-se dos mendigos e de toda sorte de pedintes que tentavam abordá-lo, procurando por uma pista qualquer que o levasse à diminuta praça.

Entre muitas idas e vindas a lugar algum, continuou andando e perguntando sobre a bendita praça, até que, ao abordar um menino imundo e maltrapilho, Arthur finalmente teve sorte:

– Posso levar o patrão até lá em troca de uma moeda! – propôs o garotinho loiro, cuja fuligem negra escondia quase completamente suas belas feições, apontando um dedinho igualmente sujo para o lugar marcado no mapa.

– Trato feito. Mas se me deixar perdido nesse labirinto hei de encontrá-lo nem que seja no inferno e tirarei o seu couro! – ameaçou o investigador, tratando de seguir o menino magrinho que saíra trotando por entre os casebres.

Logo à frente, Arthur viu uma diminuta praça, praticamente apenas um pedaço isolado de calçada, localizado no fim da ruela sem saída. O investigador aproximou-se e seu coração acelerou assim que notou uma torneira velha e completamente enferrujada brotando da parede.

– Por que o senhor não disse que queria vir até a velha bica! – disse o menino, reparando no interesse do estranho pela antiga torneira pública.

– Essa fonte está aberta? – Arthur perguntou ao menino, que aguardava de mão estendida, à espera de receber seu pagamento.

– Sim! – o garoto respondeu depois de guardar a moeda no bolso do puído calção. – Todo mundo toma dessa água! É a única fonte de água do bairro.

Completamente abismado com a informação temerária, o investigador imediatamente pôs-se a fazer uma minuciosa avaliação da decrépita torneira. Sacou de um canivete suíço, seu inseparável companheiro, e instintivamente começou a despregar a ferrugem que se espalhara por toda parte entre a torneira e a parede de pedra que a sustentava. Foi com o coração batendo forte na garganta que Arthur descobriu uma pequena placa metálica pregada à parede, logo abaixo da velha torneira, que de tão enferrujada e suja de limo havia praticamente desaparecido de vista. Ele tratou de raspar a placa com todo o cuidado possível para não estragá-la ainda mais, tentando decifrar o que tinha sido gravado ali muito tempo atrás:

"Fonte pública no. 273. Lacrada por ordem da secretária da saúde. Água contaminada. Uso proibido."

"Encontrei! É aqui o foco da contaminação" – pensou Arthur, de coração aflito.

– Menino, se quer ganhar outra moeda, me mostre onde fica a taverna mais próxima!

O pequeno partiu em disparada, tendo o investigador em seus calcanhares. Dobraram apenas duas ruas e alcançaram a decrépita taverna onde Arthur entrou sobressaltado, imediatamente batendo com as duas mãos no balcão para chamar a atenção dos presentes. Então, ele falou na voz mais alta que conseguiu expelir de seus pulmões cansados de tanta correria:

– Atenção! Exijo um minuto da vossa atenção! – ao que todos os rostos cinzentos do recinto se voltaram em sua direção, olhos arregalados e ouvidos atentos, claramente alarmados com a aflitiva atitude do intruso.

– Falo em nome da prefeitura de Paris! Tenho um aviso muito importante a fazer!

A taverna foi invadida por uma onda de murmúrios de surpresa, então Arthur bateu com autoridade no balcão e um silêncio mortal tomou o ambiente. Em seguida o investigador retomou seu pronunciamento:

– Há um foco de cólera neste bairro que já provocou a morte de várias pessoas! A água contaminada que adoeceu essa gente está saindo da torneira pública que fica no fim da rua! Tenho certeza de que essa fonte foi interditada há muito tempo atrás pelos técnicos da prefeitura porque a placa que comunica isso ainda está lá, apesar de ter sido praticamente engolida pela ferrugem! O problema é que, com o passar dos anos, as pessoas acabaram se esquecendo da interdição e simplesmente voltaram a utilizá-la! A verdade é que essa fonte podre representa um perigo mortal para esta comunidade!

Um murmúrio furioso percorreu o recinto e, antes que a raiva nascente pudesse se voltar contra o portador das más notícias, Arthur tratou de completar:

– Não sei explicar por que essa fonte tão perigosa não foi completamente destruída, em vez de simplesmente lacrada. Para tanto, proponho que façamos isso agora mesmo, antes que essa água podre adoeça mais alguém! Estou contratando homens que queiram me ajudar a fazer esse trabalho! Preciso de um encanador, de um pedreiro e de vários ajudantes.

Assim, para ter certeza absoluta de que o problema seria resolvido, o próprio Arthur encarregou-se de fiscalizar o trabalho dos homens arregimentados na vila. Primeiro eles arrancaram

174 | JOSÉ BENTO / ADA MAY

a torneira enferrujada da parede, taparam o cano e depois selaram a fonte mortífera debaixo de uma parede de tijolos recoberta por muita argamassa.

Com a fonte finalmente fechada, Arthur se preparava para partir quando foi abordado pelo mesmo menino que o tinha ajudado a encontrá-la.

– Vim receber minha outra moeda. A primeira foi pela fonte, a segunda é por mostrar a taverna... – disse o menino envergonhado, de olhos postos no chão, mas com voz resoluta.

– Claro! Você fez um excelente trabalho! – disse Arthur, sacando a carteira e fazendo o pagamento da moeda devida. Enquanto observava o pequeno maltrapilho e descalço guardar a moeda no bolso de sua calça curta e puída, o investigador percebeu que precisava esclarecer algo importante antes de poder encerrar o triste episódio vivido naquele subúrbio de Paris.

– Diga-me, garoto, por acaso você também bebeu dessa água? – perguntou Arthur, ao que o menino olhou para baixo e afirmou que sim, apenas balançando a cabeça.

"É óbvio que ele bebeu!" – pensou o investigador, bravo consigo mesmo por não ter visto o problema com mais clareza. Era quase certo que todos que moravam próximos àquela torneira tivessem bebido da água contaminada em algum momento nos últimos dias, já que aquela era a única fonte de água disponível no quarteirão inteiro!

"Por Júpiter, estou perdido! Agora não posso ir embora enquanto não fizer alguma coisa para proteger à saúde destas pessoas!" – De repente, Arthur sentiu o peso de uma responsabilidade inédita sobre as próprias costas. Percebeu que não poderia simplesmente ir embora, abandonando toda aquela gente à própria sorte.

– Venha, garoto! Precisamos voltar para a taverna. Quero que me ajude a reunir todo mundo que tomou dessa água maldita! Vou fazer uma lista com seus nomes e endereços, que levarei à prefeitura, onde exigirei que se providencie auxílio a todos o mais rápido possível!

O menino continuou parado no mesmo lugar, porém, desta vez arriscou uma olhadela para o novo patrão, que logo entendeu o recado.

– É óbvio que você também será recompensado por isso! Por sua ajuda lhe pagarei mais duas moedas. Agora, mãos à obra que o tempo ruge! Alto lá, recruta! Antes de seguir neste serviço, preciso saber seu nome! – perguntou o investigador ao garoto, segurando-o pela manga da camisa.

– Maurice, *monsieur*!

– Me diga uma coisa, soldado, você conhece *mademoiselle* Jeanne?

– Sim, senhor! É a médica que trás remédio para a gente, não é? – disse o menino, e em seguida esticou o polegar, exibindo-o. – Foi ela que me ajudou no dia em que cortei o dedo na cerca, ficou bem feio... Agora já sarou, mas ficou esta cicatriz.

– Marcas da guerra, soldado. Você gosta dessa moça?

– Ela é nosso anjo. Todos aqui gostam dela, pode perguntar para qualquer um! – respondeu o menino, abrindo um grande sorriso.

– Bom garoto! – disse Arthur, desarrumando ainda mais o já desalinhado cabelo do pequeno Maurice.

Foi assim que aquela dupla improvável passou o restante do dia trabalhando duro. Maurice procurava pelos moradores que viviam ao redor da torneira condenada e os convencia a ir até a taberna, onde o investigador completava o trabalho, anotando seus nomes e respectivos endereços numa extensa lista que começava justamente pelo nome de seu pequeno auxiliar.

O sol estava se pondo no céu parisiense quando Arthur finalmente reencontrou seu cocheiro no lugar previamente combinado e tomou o caminho de volta para a próspera e bela cidade de Paris, de cuja modernidade e exuberância o prefeito tanto se orgulhava.

Enquanto a carruagem seguia pela estradinha poeirenta que ligava o subúrbio à cidade, Arthur tentava distrair a mente para não se entregar ao desespero. No íntimo, ele se recriminava por

176 | José Bento / Ada May

ter despendido um dia inteiro na elucidação de um caso que deveria ter levado no máximo alguma horas. Tempo precioso que ele havia desperdiçado tratando de estranhos, quando devia ter permanecido ao lado de sua amada que caíra doente. Mas será que Jeanne o perdoaria, caso não tivesse agido para ajudar aquela gente? Se não tivesse feito nada para salvar o pequeno Maurice? Por fim, sua consciência lhe afiançou de que fizera a coisa certa, a única que Jeanne realmente aprovaria.

"Ela há de me perdoar pelo atraso. Há de me perdoar por tudo!" – e finalmente Arthur sentiu a confiança renascendo em seu conturbado coração.

Revigorado pelo trabalho bem feito, Arthur voltou a contemplar a cidade que surgiu subitamente numa curva do caminho. Enfim, reavistou a bela e irretocável Paris, que, pela mão do "artista demolidor", justamente o barão de Haussmann, havia sido violentamente despojada de toda sorte de imundície e pobreza, sofrendo um magnífico processo de modernização e embelezamento estratégico. Processo que se iniciara em 1852, depois que Napoleão III covardemente desonrara a República e instituíra o Segundo Império, fazendo-se proclamar imperador e decidindo que a cidade precisava ser radicalmente transformada. Para o trabalho, nomeara seu correligionário Haussmann como prefeito, encarregando-o de executar seu ambicioso plano de urbanização. Por isso, todos os bairros antigos, com suas ruas perigosamente estreitas e apinhadas, foram demolidos e substituídos por grandes avenidas e bulevares. Por trás dessa preocupação com a estética havia um forte componente político, que visava impedir que novos levantes populares pudessem se entrincheirar pela cidade.

Decerto que Napoleão III, em seus pesadelos, ainda era atormentado pela visão dos revolucionários – grupo a que pertencera e cujo ideal traíra –, que, em 1848, haviam resistido bravamente ao exército, espalhando barricadas por toda Paris. Com a remodelação da cidade, se fosse preciso, o exército inteiro do agora imperador poderia marchar por suas largas avenidas, carregando consigo até mesmo seus poderosos canhões de guerra.

A verdade oculta por detrás de tantas mudanças foi que a massa dos antigos moradores, composta de trabalhadores e suas humildes famílias, mendigos, órfãos, prostitutas e todo tipo de deserdados da sorte, acabou sendo expulsa da cidade para subúrbios cada vez mais distantes e mais miseráveis. Era esse o segredo que a aristocrática Paris, tão refinada e cosmopolita, escondia dos olhos do mundo, confinado a lugares miseráveis como Auteuil.

No entanto, era um segredo que Jeanne conhecia muito bem e que vinha, solitariamente, tentando abrandar com seu caridoso trabalho voluntário.

Pronto. Sua mente dera mil voltas para trazê-lo de volta ao início: como estaria Jeanne? A valorosa e intrépida mulher, que estudava e trabalhava sozinha, mesmo não precisando disso; que praticava a caridade em nome de seus valores e crenças, arriscando a própria vida ao fazê-lo! Essa pessoa maravilhosa, que um dia fora sua noiva e que para sempre seria o amor de sua vida, a luz de seus olhos e por quem imolaria a própria vida se preciso fosse.

Quando a carruagem finalmente parou em frente à clínica, Arthur C. Davenport sabia exatamente o que precisava fazer e ainda não havia nascido quem seria capaz de impedi-lo de realizar seu intento! Como um torpedo, Davenport cruzou a porta de entrada e seguiu diretamente para o consultório do dr. Watson. Jogou sobre a mesa do médico a longa lista que havia feito e ordenou em seguida:

– Esqueça a prefeitura! Quero que contrate médicos e enfermeiras à custa de meu próprio bolso e que os envie o mais rápido que puder para o subúrbio de Auteuil. Encontrei o foco de cólera! – informou o investigador, escrevendo o endereço no bloco de papel que havia a sua frente. – Haja imediatamente! E exijo que o atendimento médico siga a ordem dos nomes que constam na lista que lhe dei.

Diante da cara de interrogação de Watson, ele respirou fundo e respondeu:

– As crianças estão em primeiro lugar.

O médico compreendeu, assentindo com a cabeça, depois apontou a cadeira a sua frente, indicando que esperava que o amigo se sentasse para contar suas peripécias no subúrbio.

– Depois, Edward. Agora preciso ver Jeanne! Já perdi tempo demais! – ao que o médico levantou-se num pulo, pronto para conduzi-lo até o quarto da paciente.

– Arthur, você precisa ser forte. O quadro clínico de Jeanne não se alterou positivamente... – disse ele, colocando a mão no ombro do amigo, num gesto de solidariedade.

– Isso equivale a dizer que ela não está nada bem, não é? – perguntou Arthur. Então, em busca de uma resposta mais sincera, ele se voltou para a enfermeira Annette, que acabara de entrar na sala, direcionando-lhe a pergunta. Pega de surpresa, ela pousou o olhar constrangido no feio ladrilho que cobria o piso da clínica e começou a contorcer as mãos unidas. Essa atitude disse tudo.

– Venha comigo – disse o médico, e saiu andando apressadamente pela sucessão de corredores que os levaria até a área onde Jeanne jazia isolada dos outros pacientes.

Arthur entrou no quarto, mas estacou assim que avistou Jeanne, deitada inerte no leito de hospital; seu belo rosto, excessivamente pálido, era emoldurado pelo sedoso cabelo castanho avermelhado que se espalhava pelo travesseiro. Sentiu um aperto na boca do estômago ao constatar que não havia o menor traço da antiga energia em seu semblante entristecido. Era como se Jeanne fosse uma vela bruxuleando ao vento, com a chama prestes a se apagar.

Assim, como se uma lufada de ar gelado tocasse seu coração, ele imediatamente lembrou-se de sua mãe e, mesmo sem querer, também de seu pai. Subitamente, veio-lhe a mente a lúgubre recordação do modo traiçoeiro como a saúde abandonara seus corpos, deixando-os inertes e sem vida em suas mãos, sem que nada pudesse ser feito para deter o temível fim. O desespero aflorou em sua garganta, tolhendo-lhe as palavras. Mudo por completo, ele agarrou as mãos de sua amada, que, abençoadamente, estavam quentes.

– Arthur... – disse Jeanne, ainda de olhos fechados, identificando a presença do noivo apenas pelo toque de suas mãos. Depois de tê-los aberto muito lentamente, ela moveu os lábios tentando falar, mas as palavras não saíram.

– Querida, não diga nada! Não se esforce desnecessariamente! Ouça-me: eu a amo! Sempre amarei! Prometo que, não importa o que aconteça, onde quer que vá, eu irei contigo! Quero desposá-la agora mesmo!

Jeanne tornou a fechar os olhos cor de avelã e as lágrimas correram livremente por seu belo rosto.

– Não aceito uma negativa! Saiba que nada fará com que eu desista do teu amor! Hoje vi com meus próprios olhos qual é a estatura moral da tua alma! Estive em Auteuil, falei com teus pacientes e amigos! Conheci o pequeno Maurice! Contemplei tua obra secreta de amor ao próximo e senti orgulho em ser teu noivo! Agora, isso já não é mais suficiente, preciso ser o teu esposo!

Percebendo que Jeanne desejava contrariá-lo e intuindo o que ela diria se pudesse, ele prosseguiu com o monólogo:

– Sei o que vai dizer. Que é espírita e jamais deixará de sê-lo, mas acredite-me, isso já não importa! Seja o que quiser, meu amor, desde que isso não a impeça de ser minha esposa!

Jeanne olhou com atenção redobrada para aquele homem altivo; tão alto que sua cabeça soberba quase roçava o batente da porta quando entrava num lugar qualquer. Seu rosto másculo ostentava um queixo quadrado e forte; seus olhos brilhavam com a luz de uma inteligência privilegiada; seu porte era elegante, superiormente refinado nos modos e nos trajes. Porém, naquele momento mágico, Arthur lhe parecia apenas um homem romântico e gentil, cuja súplica encontrava eco em seu coração apaixonado. Sim, por certo que qualquer outra mulher em seu lugar aceitaria casar-se com aquele gentil cavalheiro, cujas mãos seguravam as suas com autêntico fervor.

Uma vez tomada sua decisão, Jeanne sorriu. Em seguida, num esforço hercúleo, ela finalmente respondeu:

– Aceito... ser... sua esposa.

Uma alegria insana tomou conta de Arthur, que, arrebatado por um arroubo de emoção incontida, pôs-se a beijar suas mãos, seu rosto, sua boca, enfim. Então, subitamente, ele se deteve, ao perceber que estava sendo atentamente observado pela pequena assistência que havia no quarto.

– Desculpem meu entusiasmo... – pediu, bastante constrangido, finalmente se dando conta da presença do sogro, *monsieur* Maginot, que estivera cochilando sentado numa poltrona próxima à janela; também havia a enfermeira Annette, solicitamente postada aos pés da cama.

– *Monsieur* Maginot, quero pedir seu consentimento e sua benção para casar com sua filha agora mesmo! – disse Arthur, curvando o corpo numa singela reverência.

O pobre homem, pego de surpresa pelo arroubo de paixão que levava o jovem cavalheiro a tamanho destempero emocional, ficou indeciso sobre o que fazer a seguir.

– *Monsieur* Arthur, acaso não vê o estado de saúde em que Jeanne se encontra? O senhor há de concordar que não é hora nem lugar para se fazer um pedido dessa magnitude! Não vejo como... – nesse instante, Watson deu um passo adiante e, segurando-o gentilmente pelo cotovelo, acabou por interrompê-lo.

– O senhor poderia me acompanhar até ali fora por um instante – pediu o médico.

Assim que os dois homens saíram do quarto, Arthur tratou de falar com Annette:

– Minha cara Annette, espero poder contar com sua participação no casamento como nossa testemunha e, mais singelamente, convido-a para ser nossa madrinha na companhia de nosso querido dr. Watson...

O Cético | 181

A enfermeira Annette, uma moça loira e baixinha, cuja aparência frágil lembrava a de uma menina que tivesse perdido o rumo de casa, por um instante quedou-se muda, incapaz de responder. Até perceber que o cavalheiro inglês falava sério e que ainda aguardava sua resposta, então, ela balançou a cabeça afirmativamente e abriu um grande sorriso.

No momento seguinte, os dois homens voltaram ao quarto e o pai de Jeanne aproximou-se da filha, falando juntinho a seu ouvido, para que somente ela pudesse ouvir o que tinha a dizer:

– Filha amada, você tem certeza de que deseja se casar com esse cavalheiro emocionalmente instável e, ainda por cima, estando presa a um leito de hospital? Não será melhor esperarmos que você se recupere e volte para casa? Então, com tranquilidade, trataremos disso... – novamente o pobre homem foi interrompido, desta vez pelo gesto terno da filha, que gentilmente colocou o dedo indicador sobre seus lábios.

– Pai, este é o meu desejo. Talvez seja o último, por isso, peço que o respeite... – Jeanne respondeu ofegante, a voz entrecortada e tão baixa que apenas o pai e o noivo puderam ouvi-la. Arthur assentiu com a cabeça, num gesto que confirmava a decisão que ambos haviam tomado.

Diante dessa determinação, e consciente de que tentara fazer o seu melhor como pai amoroso que era, *monsieur* Maginot pegou a mão do noivo, colocou-a sobre a da noiva e deu sua bênção:

– Eu vos abençoo.

– Volto já, meu amor! – disse Arthur à sua noiva e saiu praticamente correndo pelos corredores da clínica.

Seu destino era a casa de August Dijon, juiz e velho amigo de seu pai, que certamente poderia oficializar seu casamento. Além de excelente profissional, a antiga amizade entre suas famílias serviria como um bom argumento para convencer o juiz a oficiar um casamento com tamanha urgência e, ainda por cima, num hospital.

– Meu filho, tem certeza? – também perguntou o velho juiz, algo encarquilhado, mas muito lúcido, ao homem contrito que pedia que se oficializasse seu matrimônio com uma moribunda.

– Sim, *monsieur* Dijon. Esta é a única certeza que tenho na vida – respondeu o advogado, convicto.

– Muito bem, meu filho. Neste caso, vou me aprontar. Vá indo na frente, que irei encontrá-lo na clínica em meia hora. Na minha idade, isso é o mais rápido que posso prometer!

Somente quando estava voltando para o hospital foi que Arthur reparou que Ermance ainda não havia aparecido por lá. Será que ninguém se lembrara de avisá-la? Percebeu que isso era muito provável diante da rapidez com que o mundo havia caído sobre suas cabeças. Foi atendendo a uma nova exigência de sua consciência que o advogado ignorou o avançado da hora e seguiu para a residência da família Dufaux. Tocou a companhia e uma criada muito atenciosa explicou que *mademoiselle* Ermance estava em Rouen, onde a família tinha uma grande propriedade para desfrutar dos prazeres do campo. Contrariado, Arthur não conseguiu deixar de pensar que aquilo parecia um sinal de mau agouro.

"Será que Jeanne desistirá de se casar caso fique sabendo que Ermance não virá?" – era o que Arthur se perguntava enquanto sua carruagem percorria as ruas da cidade no caminho de volta à clínica.

Quando finalmente chegou ao seu destino, Arthur decidiu que não diria nada a ninguém.

13

Paris, França.
Julho de 1858.

Assim, às duas horas da madrugada do dia 19 de julho de 1858, o juiz Dijon celebrou o casamento entre Arthur e Jeanne, tendo a enfermeira Annette e o dr. Edward Watson como padrinhos e testemunhas.

Arthur passou o restante daquela noite ao lado da esposa em vigília, rezando e implorando a Deus que tivesse misericórdia. Já Watson entrava e saía do quarto o tempo todo, desdobrando-se em cuidados para salvar sua paciente. Incansável, ele trabalhava taciturno e triste, mas, apesar de todo esforço, tinha sérias dúvidas de que Jeanne chegaria a ver a luz de mais um dia.

Porém, contrariando todas as expectativas, ao raiar da manhã, Jeanne teve uma súbita melhora e finalmente todos se permitiram ter esperanças.

Arthur sentia um alívio que beirava a felicidade, enquanto se desdobrava em cuidados com a esposa, assumindo para si a execução de tarefas que caberiam às enfermeiras. Como sempre, usava o artifício de distrair a mente inquieta com o traba-

183

lho incessante. Ocupava-se em umedecer os lábios de Jeanne com um chumaço de algodão, porque, apesar da sede terrível que a torturava, não era capaz de engolir praticamente nada.

De repente, sentindo-se inexplicavelmente melhor, a jovem pediu a ajuda do marido para se recostar na cama. Depois, olhando ternamente em seus olhos negros, ela disse:

– Esposo. Pensei que nunca usaria esta palavra para chamá-lo! – ao que Arthur apenas balançou a cabeça e sorriu.

– Você conheceu o pequeno Maurice? – ela perguntou de súbito.

– Sim! É um menino muito esperto! Foi meu escudeiro em Auteuil e eu não teria conseguido ajudar aquela gente toda se ele não estivesse ao meu lado. É um excelente soldado!

– Eu sei. Maurice é órfão e vive dos favores alheios. Mas é sempre muito solícito! Acho que ele tenta retribuir parte daquilo que recebe... Será que poderemos ajudá-lo?

– Sem dúvida, meu amor! Agora descanse e não se preocupe com nada, exceto em ficar boa!

Jeanne olhou em torno, talvez para se certificar de que estavam apenas os dois no quarto. Só depois disso ela pegou a mão do marido nas suas e disse:

– Preciso dizer uma coisa importante...

– Sou todo ouvidos! – ele respondeu, repetindo sua frase favorita.

– Quero que saiba que continuarei te amando sempre, na alegria e na tristeza, na saúde e na doença, nesta vida ou depois dela. Te amarei para todo o sempre...

– Eu também, meu amor, eu também... – respondeu o marido, abraçando ternamente a esposa.

– Sinto muito interromper o feliz casal, mas a senhora Davenport precisa descansar. São ordens médicas! – disse Watson, entrando no quarto de supetão.

As horas de vigília foram se sucedendo dia adentro, até que Arthur foi finalmente vencido pelo cansaço e acabou dormindo numa poltrona. Eram três horas da tarde quando ele foi despertado pelo toque gentil de Annette, cuja fisionomia transtornada traía sua verdadeira missão.

Arthur deu dois passos até o leito de sua amada esposa e, contemplando seu semblante belo e sereno, por um instante foi tomado pela forte impressão de que Jeanne apenas dormia. Porém, no instante em que roçou levemente a mão em seu rosto, seus sentidos o arrastaram de volta à trágica realidade.

"Jeanne está gélida. Está apática. Estará morta, meu Deus?" – pensou.

– Sinto muito, *monsieur*. Ela faleceu como um anjo enquanto dormia. Não sofreu nada, apenas pegou na mão do Senhor e subiu para os céus... – confirmou Annette, as lágrimas rolando pela face desolada.

De repente, Arthur sentiu-se tomado por uma dor sem tamanho, capaz de nublar todo o resto; foi invadido por uma revolta feroz e indescritível.

"A ruína..." – subitamente, como se tivesse sido atingido por um raio no meio de uma tempestade elétrica, Arthur desabou ao lado da esposa falecida.

Ao pôr do sol daquele mesmo dia, após um funeral simples e austero no cemitério de Montmartre, que contou com a presença inusitada de um grande número de pessoas vindas de Auteuil, perfilados lado a lado com a mais alta classe da sociedade parisiense, Arthur só conseguia pensar em voltar para casa e se isolar, porque, a partir do instante em que Jeanne deixara de respirar, o mundo e tudo o mais que havia nele deixara de fazer sentido.

A consternação do viúvo só poderia se rivalizar com a de Ermance, que, amparada pelo braço do pai, jogava flores sobre a sepultura aberta de Jeanne como se arremessasse seus sonhos mais queridos pela janela. Por um instante, uma inconveniente rajada de vento levantou o véu negro que cobria seu rosto de ninfa, revelando um flagrante de sua absoluta desolação. Nesse mesmo instante, os olhares de Arthur e Ermance se cruzaram e, cúmplices pela primeira vez na vida, compartilharam um lampejo de dor recíproca.

Porém, quando já saía de perto do túmulo recém-fechado, Arthur caminhou resoluto até onde estava Ermance, incapaz de abafar o pensamento lúgubre que lhe envenenava a alma naquela hora de tristeza inaudita:

– Foi você quem nos amaldiçoou! – disse ele, na certa se referindo à fatídica premonição que a jovem médium fizera no dia de seu noivado com Jeanne.

Novamente seus olhares se enfrentaram. Novamente a dor lancinante retumbou fortemente em seus corações lacerados pela perda, cuja lâmina afiada é capaz de corromper as melhores intenções. Assim, Ermance simplesmente se afastou dele, incapaz de manifestar seu pesar.

Já de volta para casa, Arthur contrariou a vontade de seus protetores, Alfred e Edward, que num momento tão difícil como aquele queriam mantê-lo sob suas vistas, e preferiu a solidão de seu quarto.

– Caso sinta-se mal, toque a sineta que viremos imediatamente – instruiu o médico, preocupado com o estado de esgotamento físico e psicológico em que o amigo se encontrava.

No entanto, as horas foram se sucedendo no relógio sem que Arthur chamasse por ninguém. Perto da meia-noite, mesmo sem ter sido chamado, Edward decidiu ir verificar e encontrou a bandeja que Alfred deixara com o jantar intocado diante da porta fechada.

Preocupado, Watson bateu à porta insistentemente sem obter resposta. Continuou batendo e chamando por vários minutos, até que a insistência cedeu ao desespero, justamente naquela hora em que as ideias mais sinistras começam a nos atormentar a mente. Já nessa fase, o médico avisou:

O Cético | 187

– Arthur, ouça-me! Abra esta porta agora mesmo ou juro por tudo que é mais sagrado que irei arrombá-la!

Watson sentiu um alívio incalculável quando finalmente ouviu o ruído da chave girando na fechadura para destrancá-la:

– Não quis jantar? – Edward perguntou, tentando iniciar uma conversa casual que pudesse disfarçar sua real preocupação.

– Se você se recusar a comer irá passar mal novamente e...

– mas o final da frase foi imediatamente esquecido assim que o médico adentrou o quarto mergulhado na completa escuridão.

Graças ao arco de luz projetado pelo seu candelabro, Watson percebeu o brilho de um objeto reconhecidamente maligno repousando serenamente sobre a mesinha de cabeceira. Seu coração gelou dentro do peito, ao tentar imaginar o que justificaria a presença da pistola casualmente deixada ali, bem ao alcance da mão. Sem pensar duas vezes, ele pegou a arma e sorrateiramente a fez deslizar para dentro do bolso de seu roupão. Em seguida, o médico aproximou-se do amigo e, sem qualquer cerimônia, passou a examiná-lo.

– Você está bem? – perguntou Edward, seriamente preocupado com a péssima aparência de Arthur, que, trêmulo e ofegante, mal conseguia parar em pé.

– Edward, é melhor que me leve para o hospital do dr. Charcot agora mesmo, porque enlouqueci! Acho que os recentes percalços por que passei acabaram por destruir minha sanidade!

– Como assim? Do que você está falando?

– Sente-se aqui – disse ele, apontando a poltrona ao lado da sua. – Vou contar o que acaba de acontecer...

"Assim que nós voltamos do funeral, eu sabia exatamente o que precisava fazer. Tinha que cumprir com minha palavra. Eu havia dito à Jeanne que iria acompanhá-la onde quer que ela fosse e, agora que estava morta, só me restava ir me juntar a ela na eternidade. Por isso, tranquei a porta, tirei a pistola da gaveta e me preparei para realizar minha própria execução.

"Sentei-me aqui mesmo nesta poltrona e coloquei a arma na têmpora direita a fim de estourar os miolos. Mas, em segui-

188 | José Bento / Ada May

da, lembrei que ocasionalmente a arma pode escoicear com o impacto do disparo e sair do lugar antes de atingir o cérebro de forma mortal. Por isso, respirei fundo e estava a ponto de colocar o cano da arma na boca, para ter cem por cento de chance de receber um tiro certeiro, quando ouvi claramente uma aflitiva exortação: – Arthur! Arthur, por favor, ouça-me! Em nome do nosso amor, eu imploro que não faça isso!

"Era sem sombra de dúvida a voz de Jeanne reverberando pelo quarto! Juro por Deus, que ouvi nitidamente sua voz implorando em altos brados para que eu não me matasse.

"Dei um pulo da poltrona e saí imediatamente a sua procura pelo recinto que ainda estava claro, iluminado pela luz do sol poente. Chamei seu nome vezes sem conta, revirei cada fresta e cada canto, chegando ao cúmulo de vasculhar dentro dos armários, mas não encontrei nada! Depois, estando certo de que havia sido vítima de meu próprio estado de nervos alterado, voltei a me sentar nessa poltrona e tornei a empunhar a arma.

"– Ouça-me: eu o proíbo! Eu o proíbo!"

"Era Jeanne novamente! Desta vez, gritando bem aqui dentro!" – disse Arthur com a voz entrecortada, apontando um dedo ossudo para a própria cabeça.

– Veja a cilada em que me encontro, primeiro perdi Jeanne e agora perdi o juízo! – sentenciou o viúvo, entregando-se ao desespero. – Edward, meu irmão, não posso viver sem ela! No entanto, ela não quer que eu me mate! Agora, diga-me: como Jeanne pode querer ou deixar de querer algo se está morta?! Se ainda hoje ajudei a baixar seu caixão à sepultura?! Como posso ouvir sua voz ecoando tão claramente dentro de minha cabeça?! Estou louco, por certo... – lamentou-se, apertando a cabeça raivosamente com seus dedos compridos, como se quisesse parti-la em duas metades.

– Deite-se aqui. Você está a um passo de ter um novo colapso! Precisa descansar... Espere apenas um instante que vou até meu quarto pegar minha valise... – respondeu o médico, alarmado com o preocupante estado de saúde do amigo.

Saindo do quarto, Watson quase trombou com o prestativo mordomo, que tinha sido atraído pela voz alvoroçada de seu patrão.

– Alfred, por favor, fique com ele! Vou preparar um elixir calmante e já volto. Não quero ser obrigado a levá-lo à clínica depois de tudo que ele passou por lá... Temos que dar um jeito de acalmá-lo e mantê-lo aqui em casa...

O médico teve que lançar mão de um calmante poderoso para finalmente conseguir fazê-lo dormir. Depois de ter escondido a pistola num lugar razoavelmente seguro, Watson voltou para o quarto do amigo, sentou-se numa poltrona e preparou-se para uma longa vigília, regada a várias xícaras do autêntico chá preto indiano na companhia do fiel mordomo.

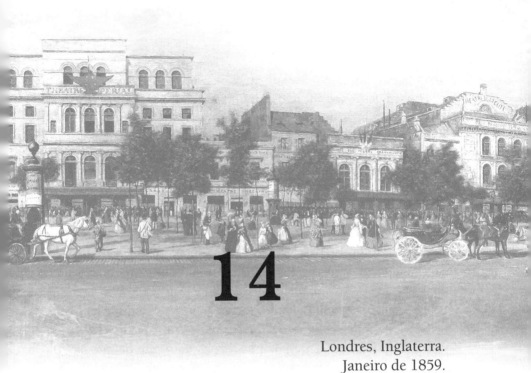

14

Londres, Inglaterra.
Janeiro de 1859.

O inverno intenso havia surpreendido até mesmo o experiente e precavido mordomo naquele ano novo. Certamente que a idade pesava mais nos ombros durante a estação fria, era o que Alfred pensava naquela manhã enregelante, enquanto tentava a todo custo manter a entrada da mansão livre da montanha de gelo que caíra durante a noite.

– Vai sair com esse tempo horrível, senhor? – perguntou o mordomo ao patrão, assim que entrou em casa e deu com Arthur parado no átrio, devidamente paramentado para enfrentar o frio de quinze graus negativos que fazia do lado de fora.

– Sim. Tenho um compromisso com meus sócios no banco. Não me espere para o almoço.

Essa havia sido a rotina de Arthur nos últimos meses desde que tinham retornado para Londres. Seu patrão havia trabalhado exaustivamente todos os dias, exceção feita aos feriados de Natal e Ano Novo, e unicamente porque não havia ninguém disposto a acompanhá-lo. Sem contar as noites insones que o investigador passava trabalhando para a Scotland Yard, anali-

192 | José Bento / Ada May

sando exaustivamente relatórios de casos ainda não resolvidos, em busca de novos indícios ou falhas que tivessem sido ignoradas por cérebros menos perspicazes.

Preocupado com o cotidiano estafante a que seu patrão vinha se submetendo, Alfred decidiu escrever para a única pessoa que tinha certeza de que seu patrão ouviria:

> *Caro dr. Edward Watson,*
> *De antemão, peço desculpas por incomodá-lo, porém, na atual circunstância não há mais ninguém a quem eu possa recorrer. Lamento informar que temo pela saúde de sir Arthur, que tem trabalhado incessantemente desde que chegamos. Perdoe-me novamente a indiscrição, mas considere que estou escrevendo para o médico, além do amigo. Somente por isso menciono o fato de que sir Arthur tem sido assolado por uma renitente insônia e fumado e bebido muito além do que a saúde do corpo é capaz de suportar. Como ele insiste em ignorar meus conselhos, escrevo-lhe na esperança de que possa ouvir os seus.*
> *Na verdade, seria realmente esplêndido se o senhor tivesse algum tipo de negócio a resolver ou mesmo algum curso a fazer em Londres, já que uma visita sua viria em muito boa hora. Também conto com sua compreensão para jamais mencionar ao patrão que estive a importuná-lo com minhas preocupações.*
> *Muito agradecido pela atenção a mim dispensada,*
> *Um seu criado,*
> *Alfred Smith*

O velho mordomo enviou sua carta e aguardou ansiosamente, até que, naquele dia de inverno especialmente glacial, sua paciência finalmente foi recompensada.

– Tenho novidades, Alfred. Edward deve chegar no vapor de amanhã! Não sei o que deu nele, mas subitamente resolveu nos visitar! Será excelente para quebrarmos um pouco a rotina

– avisou Arthur, assim que voltou depois de um longo dia cheio de compromissos.

– Ótima notícia, patrão! Irei agora mesmo verificar a arrumação no quarto de hóspedes! – respondeu o velho, saindo da sala imediatamente para que Arthur não visse o inconveniente sorriso que surgira em seu rosto murcho e enrugado, que a sisudez muito raramente abandonava.

– Não acredito que já se passaram mais de seis meses desde a última vez que nos vimos! Com efeito, o tempo está voando mesmo! – disse o médico, apertando afetuosamente a mão do amigo no momento daquele feliz reencontro.

– Fale somente por você, meu caro Edward! Quanto a mim, sinto como se estivesse vivendo preso a uma mesma noite escura que parece nunca ter fim.

Watson observou com olhos de lince a péssima aparência de Arthur e foi obrigado a reconhecer que aqueles poucos meses haviam pesado como vários anos nas feições do amigo tão querido.

– Será o início de um quadro de melancolia patológica?

– Por certo, se considera que a melancolia seja a manifestação inicial de algum tipo de loucura...

– Por que diz isso, Arthur?

– Porque tenho certeza absoluta de que estou louco, apesar de você não acreditar em mim.

O médico fez um gesto largo com a mão para demonstrar seu enorme desagrado com aquela declaração sem cabimento.

– Até onde pude apurar, você já ganhou vários milhões de libras novinhos em folha, somente nesta temporada londrina. Como bem diz a sabedoria popular, se o sujeito não está rasgando dinheiro, então, não está louco! – respondeu o médico, tentando imprimir uma nota de humor àquela conversa disparatada.

– Tento ocupar meus dias com as coisas em que tenho alguma competência... – tornou o advogado, usando o argumento como justificativa para seu comportamento compulsivo.

– E como tem passado as noites? – perguntou o médico, querendo direcionar a conversa ao problema em questão.

– Eu as passo sentado numa poltrona, fumando e bebendo muito, de olhos postos na pistola engatilhada que mantenho sobre a mesa, discutindo comigo mesmo sobre o dilema que tem atormentado minha miserável existência desde que perdi minha adorada esposa! Penso compulsivamente se devo ou não devo obedecer a vontade de Jeanne, cuja voz inconfundível continua ressoando incessantemente em minha mente! – disse Arthur, apontando para a própria cabeça.

– Por Deus, Arthur! Você é um guerreiro! Sabe muito bem que tirar a própria vida é optar pela saída dos covardes! – arriscou o amigo, tentando apelar para seus brios de nobre inglês, cujo ancestral título de nobreza concedido ao seu trisavô era de 'cavaleiro da rainha'.

– Não sou covarde e você bem sabe que já demonstrei minha coragem muitas vezes ao longo de minha vida. Mas não temo a morte e acho que ela pode ser uma alternativa razoável para o indivíduo que, por livre e espontânea vontade, decidiu que sua vida não vale mais a pena...

– Mas você é cristão, não é? – tornou o amigo, angustiado com a falta de argumentos para continuar aquela conversa descabida.

– Talvez, porém, não sou religioso a ponto de crer no inferno. Você não compreende... É mesmo difícil de compreender...

– Neste caso, explique. Sou todo ouvidos! – disse Edward, usando de propósito o bordão que pertencia ao amigo investigador.

– Veja, Edward! O problema não está em ter que encarar a morte! O problema está na ordem que Jeanne me deu! Não posso me matar porque ela me proibiu de fazê-lo! É precisamente nessa falácia que reside todo o problema!

"Primeiro, diga-me, como Jeanne poderia me proibir de coisa alguma, se já estava muito bem morta e enterrada na noite em que gritou comigo? Segundo: como isso se justificaria, a não ser pela evidência de um caso de loucura galopante? Terceiro: o fato de tê-la ouvido falar tão claramente como o ouço agora já não é, por si só, uma prova de minha loucura?

"E, finalmente, temos o quarto item, interessantíssimo já que nos leva de volta ao primeiro: se não estou louco, como foi possível ouvi-la tão perfeitamente?"

– Continue, homem! Faça todas essas perguntas inconvenientes que o vêm atormentando durante esse tempo todo! Diga em voz alta esses absurdos que sua mente têm gritado sem cessar... – pediu o médico, ao que Arthur permaneceu calado, mas fitou o amigo com olhos que faiscavam de fúria contida.

– Tenha coragem para perguntar que mistério poderá haver por detrás desse fenômeno? Pense com a mente do investigador imparcial que você é! Haverá alguma possibilidade de que Jeanne não esteja realmente morta? Se não há, será que os espíritas podem ter alguma razão quando afirmam que a morte absoluta não existe? Que somente o corpo é que perece quando é baixado à sepultura? Poderá a alma, ou o espírito, se preferir, sobreviver à carcaça de carne? Será que Jeanne resolveu voltar de seu descanso eterno no além-túmulo para dar uma prova efetiva de sua sobrevivência espiritual? Será que o grande amor que ela lhe dedicou fez com que continuasse apegada à sua vida? E qual será o valor da vida, afinal? Será mesmo pecado mortal tirá-la por conta própria como prega a religião e, talvez por isso, o espírito de Jeanne tenha rompido a barreira entre os mundos, fazendo o supremo esforço para impedi-lo de cometer tal loucura?

Enquanto Edward falava sem parar, Arthur pôs-se a andar pela sala como um leão enjaulado.

– Desculpe minha ignorância, amigo! Posso fazer inúmeras perguntas, mas a verdade é que não poderei ajudá-lo a respondê-

-las, pela simples razão de que não detenho o conhecimento necessário para convencê-lo de nada! No entanto, sabemos que existe uma pessoa que pode nos ajudar a obter algumas dessas respostas!

– Se está se referindo à Ermance... – Arthur respondeu a contragosto, observando seu companheiro pelo canto do olho felino, que concordou apenas balançando a cabeça. – Mesmo se quisesse, eu não poderia pedir ajuda a ela... Penso que Ermance previu nossa ruína... – ele confessou.

– Não creio nisso, em absoluto! – Edward indignou-se. – Será que o carteiro pode ser responsabilizado pelas más notícias presentes na correspondência que carrega em seu malote? E se os capítulos da vida já tiverem sido todos escritos no livro do destino, poderá ser considerado culpado aquele que tiver a capacidade de lê-los? Não percebe, Arthur? Essas são apenas outras tantas questões sobre um mesmo mistério que precisa ser desvendado! São como as peças de um gigantesco quebra-cabeça que precisa ser montado!

– Por que acha que serei capaz de fazê-lo?

– Caro amigo, se você não for capaz, então, Deus nos livre, porque ninguém mais o será!

Em Londres, as terríveis tempestades de neve se sucediam num autêntico desvario climático, sendo que vários jornais londrinos confirmavam que aquele era o pior inverno dos últimos cinquenta anos a assolar a ilha.

– Quem terá sido encarregado de contar para conseguir chegar nesse número? – perguntou-se Edward, cercado por uma verdadeira pilha de noticiosos vindos de várias partes da Europa.

Por causa do mau tempo, o pobre médico viu congelar debaixo de verdadeiras muralhas de neve todos os planos que ha-

O Cético | 197

via feito para sua estadia em solo anglo-saxão. O tempo estava tão ruim que tornava impraticável até mesmo o ato rotineiro de sair de casa. Por isso, em vez de passear pela *city*, Edward teve que se conformar com o confinamento à mansão do amigo milionário, sendo mimado pelo excesso de atenção de Alfred, que colocara à sua disposição um batalhão de sua excelente criadagem.

Assim, o hóspede ocupava seus dias, degustando as refeições nababescas que lhe eram servidas a toda hora, desfrutando da gigantesca biblioteca que gerações da família Davenport haviam obsessivamente alimentado, e vagando a esmo, qual um fantasma acorrentado, pelas dependências da mansão.

O comportamento de seu anfitrião continuava atípico, porém bem menos preocupante. Nesse ínterim, o que mais incomodou o visitante foi perceber que o teor de suas conversações com o amigo havia decaído para os extremos da trivialidade. Quando estavam juntos, o que era uma ocorrência rara, suas conversas rondavam o acabrunhamento intelectual, onde floresciam apenas os assuntos mais corriqueiros ou absolutamente banais, com Arthur preferindo falar sobre corridas de cavalos ou partidas de críquete. O amigo evitava como a um campo minado qualquer assunto mais intelectualmente elaborado, principalmente se fosse relacionado à filosofia ou metafísica.

Na verdade, durante a maior parte do tempo, Arthur fechava-se na ancestral biblioteca do pai, que fora convertida em seu escritório particular, onde permanecia confinado e completamente esquecido da presença de seu nobre e honrado hóspede. Alfred, ao contrário do patrão, esmerava-se em gentilezas para com seu convidado para combater o sentimento de culpa que o afligia sempre que via Edward vagando solitariamente pela casa, literalmente abandonado naquelas gélidas paragens.

No entanto, apesar de Arthur insistir no isolamento voluntário, a presença do médico teve o mérito de fazer com que adotasse um comportamento mais saudável. Ele voltou a comparecer pontualmente à mesa na hora das refeições e a se alimentar melhor, bebia pouco e fumava um pouco menos. Caso não houvesse nenhum outro ganho, isso já seria o suficiente para satisfazer o prestativo mordomo.

Assim, ao final da semana, quando a nevasca cedeu e as portas puderam ser finalmente desobstruídas das montanhas de neve que as vinha emperrando sistematicamente, Edward aproveitou para avisar aos companheiros que precisava encerrar sua estada em Londres. Porém, foi surpreendido pela notícia de que não viajaria sozinho.

– Nós iremos com você à Paris. Alfred, por gentileza, faça nossas malas.

Paris, França.
Fevereiro de 1859.

De volta ao palacete em Paris, Alfred testemunhou um fato que abalaria para sempre sua crença na sanidade de seu patrão. Quando estava desfazendo as malas da viagem recente, o mordomo foi surpreendido pela presença de um livro enfronhado entre malhas e pijamas. Tratava-se de um manuseado exemplar de *O livro dos espíritos*, da autoria de um tal Allan Kardec.

– O que será que 'isso' está fazendo aqui? – o mordomo ficou tão surpreso com o fato que falou em voz alta, subitamente esquecido da discrição que lhe era tão peculiar.

Não bastasse essa estranha ocorrência, ainda naquele mesmo dia, Alfred ouviria um fiapo de conversa que o deixaria ainda mais intrigado com a nova disposição de ânimo de seu patrão. Foi logo após o jantar, enquanto o solícito mordomo enchia os cálices dos cavalheiros com um excepcional vinho do Porto:

– Edward, por favor, seja razoável! Por motivos óbvios, é você quem terá que convidá-la! Se eu o fizer, tenho certeza absoluta de que ela não aceitará.

– Mas, homem, o que direi à *mademoiselle* Ermance Dufaux?

– O que mais seria? Que eu preciso falar com Jeanne! – respondeu Arthur, subitamente irritado, virando seu cálice de um só gole.

– De qualquer maneira, acho que ela não aceitará falar com nenhum de nós. Você sempre desdenhou do espiritismo e de seus médiuns; desculpe a franqueza, mas é a mais pura verdade! Sem mencionar as diversas grosserias, pois não? Por que diabos agora que está em apuros, debatendo-se com um dilema moral, Ermance deveria ajudá-lo?

– Tem razão. Ela jamais aceitará falar com um crápula como eu...

Desta vez foi o médico que levantou de sua poltrona para perambular sem destino pela sala. Os amigos, imersos em seus pensamentos, continuaram calados, sendo que o silêncio no ambiente só era quebrado pelo ruído das achas de lenha estalando na grande lareira de pedra.

– Tive uma ideia para uma possível argumentação que pode funcionar! Talvez tenhamos uma chance, afinal... – disse o médico, estacando repentinamente de seu passeio sem rumo. – Lembra-se do trabalho que Jeanne fazia em Auteuil? Da dedicação com que tratava daquelas pessoas, sem levar em conta o perigo a que se expunha? Uma vez perguntei o que a levava a fazer aquilo tudo e ela respondeu que desejava servir ao próximo e que aquele trabalho era uma oportunidade ímpar de praticar a sonhada caridade! Decerto que esse é um dos pilares do pensamento espírita! Pois bem, é em nome dessa mesma caridade que apelarei a Ermance! Tenho certeza de que ela não nos recusará sua ajuda, simplesmente porque a forma que encontrou de prestar caridade ao próximo é mediando mensagens entre os dois mundos!

– Que mundos? – disse Arthur com ar surpreso, como se tivesse ele próprio sido puxado de alguma nuvem.

— De trazer de volta a voz dos que vivem do lado de lá da vida...

— Você está falando como se fosse um espírita! – ironizou o amigo, sempre pronto a dar uma espetadela no próximo.

— Não seja tolo! Estou usando a única linha de argumentação que será capaz de convencê-la a nos encontrar!

— Pois bem, diga o que quiser, contanto que convença Ermance.

Depois dessa conversa, que seria inconcebível alguns meses antes, Edward decidiu que não desperdiçaria seu tempo usando de estratagemas desnecessários para se encontrar com *mademoiselle* Dufaux. Mandou que um mensageiro entregasse em sua belíssima residência em Fontainebleau uma longa carta, onde tentava convencer a jovem médium a ajudar seu amigo. Relatou em detalhes a desagradável realidade, pintando com tintas fortes o quadro de ruína moral em que vivia o pobre viúvo, chegando ao ponto de insinuar que uma nova tragédia poderia ocorrer caso ela se recusasse a atendê-lo, o que não era propriamente uma mentira.

Discorreu longamente sobre o trabalho de caridade em que sua grande amiga Jeanne havia imolado a própria vida, sendo que essa parte Edward reconhecia como um golpe baixo, porque ninguém em sã consciência teria ficado indiferente a um argumento tão comovente.

Finalmente, como um fecho de ouro filosófico, o médico contou sobre o fenômeno mediúnico que Arthur experimentara, quando a voz de Jeanne surgira do nada para implorar ao marido que não desse cabo da própria vida. Assim que releu a carta, Edward congratulou-se:

"Se esta argumentação não puder convencê-la, nada mais o fará" – pensou.

O Cético | 201

– Amada irmãzinha... – Ermance pousou a carta enviada por Edward Watson no colo para enxugar as lágrimas que toldavam sua visão. Em seguida, pegou da pena e escreveu uma breve resposta, onde dizia que aceitava recebê-los desde que o encontro fosse em sua própria residência e na presença de seus pais. Pediu também que marcassem a data e a hora que fosse mais apropriada e que a avisassem com alguma antecedência.

Assim que recebeu a resposta, Edward procurou o amigo para combinar o inimaginável encontro.

– Ainda bem! Pensei que Ermance iria preferir marcar uma reunião dessa natureza na tal Sociedade Parisiense de Estudos Espíritas... – resmungou Arthur, parecendo algo desapontado com a notícia de que o encontro seria na residência dos Dufaux em Fontainebleau.

– Está maluco se acha que Ermance submeteria seus companheiros espíritas ao seu deslindamento! Será que você ainda não percebeu que essa jovem está sendo imensamente gentil, fazendo o favor de atender a um pedido seu, unicamente em nome da fidelíssima amizade que dedicava à Jeanne! – ralhou o médico, finalmente perdendo a paciência com a arrogância do amigo.

A verdade é que, depois de ter marcado o tão aguardado encontro, Edward sentia-se dividido entre a gratidão e a angústia, justamente por ser incapaz de prever qual seria o comportamento de Arthur quando eles estivessem reunidos com os Dufaux numa sessão espírita. O médico esperava firmemente que a vontade do amigo de desvendar os mistérios metafísicos da espiritualidade fosse mais forte do que a profundidade do abismo onde chafurdavam seus preconceitos.

No dia previamente combinado, o casal Dufaux recebeu seus convidados ingleses com a gentileza que tradicionalmente os distinguia na sociedade francesa. O advogado e o médico foram conduzidos à gigantesca biblioteca onde Ermance os aguardava, sentada a uma cadeira de espaldar alto, postada diante de uma pequena mesa onde repousavam lápis e papel.

Arthur sentia-se como um verdadeiro feixe de nervos e, ao contrário do que imaginara a princípio, não estava conseguindo exibir o comportamento refratário pertinente ao investigador isento que imaginava ser. Sentimentos conflitantes disputavam a posse de sua consciência, sendo que a dúvida pertinaz do detetive repentinamente sentia-se ameaçada pelo vívido desejo do viúvo, que pretendia contatar sua falecida esposa no mundo do além. Foi naquele momento de angústia que Arthur finalmente compreendeu os sentimentos conflituosos que haviam se apoderado de *lady* Sutherland, na já distante ocasião em que tentara a todo custo falar com o filho morto, infelizmente, através de um falso médium.

"Mas existirão médiuns de fato? Ou será que serei apenas a próxima vítima numa nova farsa?" – pensou Arthur, subitamente constrangido.

Com um gesto largo, madame Dufaux pediu aos cavalheiros que ocupassem seus lugares ao redor da mesa. Em seguida, sentou-se ela própria ao lado da filha e anunciou:

– Podemos começar.

– Lamento informar que não posso garantir que serei capaz de escrever o que quer que seja esta noite... – Ermance começou dando as más notícias, sua voz pausada e serena repercutindo pelo ambiente.

Edward e Arthur se entreolharam, a surpresa fluindo como uma onda entre eles.

– A verdade é que minha mediunidade tem se alterado nos últimos tempos. Atualmente, as comunicações têm acontecido mais facilmente através de minha fala do que de minha escrita. Portanto, me coloco à disposição do amado mestre Jesus e apenas como seu humilde instrumento é que peço sua permissão para iniciar os trabalhos da noite. Também peço a misericordiosa ajuda de meu querido mentor espiritual, são Luiz, para transmitir aos cavalheiros aqui presentes qualquer comunicação que o espírito de nossa amada Jeanne possa nos dar.

Em seguida, Ermance fez uma prece em voz alta:

O Cético | 203

– Pai nosso, que está nos céus... – a jovem recitou de olhos fechados, as mãos postas sobre a mesa singelamente coberta por uma toalha de renda branca.

Por um momento interminável, nada aconteceu e a angústia do investigador já ameaçava transbordar o cálice de sua impaciência, quando Ermance agitou-se em sua cadeira e, ainda de olhos fechados, começou a tatear a mão pela mesa à procura de um lápis.

Nos minutos seguintes, o silêncio na sala foi quebrado apenas pelo ruído do lápis arranhando a folha de papel, enquanto a jovem médium escrevia rapidamente. À medida que uma página era preenchida, o pai da médium colocava imediatamente uma folha em branco sobre a anterior, de modo que a mensagem em curso continuasse a ser grafada sem sofrer nenhuma interrupção.

– Graças a Deus... – sussurrou a médium depois de cerca de meia-hora, finalmente pousando o lápis sobre a mesa.

Uma nova oração foi recitada em voz alta, dessa vez pela mãe de Ermance. Quando a gentil senhora terminou, o grupo permaneceu imóvel, fitando em silêncio o pequeno maço de páginas que continha as mensagens recebidas durante a sessão.

Como ninguém se atrevia a examiná-las, a própria médium pôs-se a vistoriá-las metodicamente.

– A primeira comunicação é uma pequena exortação de meu querido mentor, são Luís, pedindo que pratiquemos a caridade com nossos irmãos encarnados e desencarnados – disse ela, passando em seguida para a próxima página.

– A segunda comunicação é uma mensagem assinada pelo espírito de Anselmo, um jovem trabalhador que morreu recentemente em nossa fazenda, vítima de um acidente com uma parelha de cavalos. Muito obrigada por visitar-nos nesta noite abençoada, Anselmo. Iremos rezar por sua tranquilidade como é o seu desejo. Fique em paz, com a graça de nosso amado mestre Jesus! – disse a jovem, elevando o olhar de seus papéis em direção à parede nua.

204 | JOSÉ BENTO / ADA MAY

Enquanto Ermance analisava meticulosamente sua correspondência com o além, Watson e Davenport se perdiam entre dúvidas e divagações. Por um momento, o arrogante investigador não resistiu à tentação de observar atentamente o ambiente à sua volta, com certeza em busca de alguma evidência de fraude. Para tanto, no instante em que achou que não estava sendo visto por ninguém, ele deixou disfarçadamente seu lenço cair ao chão, somente para efetuar a ridícula tentativa de olhar por debaixo da mesa quando abaixasse o corpo para apanhá-lo. Porém, para seu mais completo espanto, a jovem médium interceptou seu movimento e rapidamente também colocou sua cabeça por debaixo da mesa. Assim que seus olhares se encontraram, Arthur teve a vergonhosa certeza de que Ermance sabia exatamente o que ele estava procurando.

– Já terminou seu exame ou precisa de mais tempo, *monsieur* Davenport? Fique à vontade, pois não me importo de esperar até que esteja satisfeito... – disse a jovem beldade, os cachos loiros balançando comicamente ao redor da cabeça enfiada sob a mesa.

– Não disse que era uma má ideia cobrir a mesa com a toalha, mamãe?

Por um interminável segundo, todos os presentes, exceto a própria Ermance, ficaram muito constrangidos. Sua mãe, porque não acreditou quando a filha afirmou que um cético como Arthur poderia tomar por indício de fraude a coisa mais corriqueira e inofensiva do mundo, como, por exemplo, a presença de uma singela toalha de renda sobre a mesa; seu pai, porque compartilhava do mal-estar que contaminara o ambiente; o médico, porque tinha certeza de que, cedo ou tarde, o ego do investigador acabaria por envergonhá-lo; e, finalmente, o próprio Arthur, porque odiava ter sido pego com a boca na botija.

– Imagino que esta é a mensagem que poderá ser do interesse de seu companheiro, caso seu conteúdo possa ser atestado como crível... – disse a médium, entregando a Edward o restante das páginas.

O médico pegou as folhas de papel pelas bordas, como se estivessem quente e de alguma forma pudessem queimá-lo. Assim que botou os olhos na carta, Edward imediatamente reconheceu a letra inclinada e angulosa de sua assistente de outrora, que, apenas um pouco maior do que a de hábito, preenchia as folhas de alto a baixo. A emoção contaminou-o de tal forma que todos os presentes repararam quando suas mãos subitamente começaram a tremer.

– Caro Edward, faça a gentileza de ler a mensagem em voz alta... – pediu Arthur, ao que o amigo apenas balançou a cabeça em concordância.

> *Meus queridos,*
>
> *É com o coração transbordando de alegria que venho ao vosso encontro nesta noite tão especial. É especial, repito, por vários motivos e todos são relevantes. É especial porque nosso amado mestre Jesus e nossos companheiros espirituais me proporcionaram a graça de encontrá-los! Também, porque minha amada irmãzinha, Ermance, se fez de indispensável instrumento para que efetivássemos este fenômeno maravilhoso que é a escrita mediúnica. Bendita, seja, cara amiga!*
>
> *Porém, certamente o que há de mais especial neste encontro é a presença de meu adorado esposo, Arthur, que tem passado por muitas dificuldades desde que nos separamos e sofrido tanto com minha ausência que julga que sua vida não tem mais razão de ser.*
>
> *Querido esposo e companheiro, é por causa desse sofrimento tão exacerbado que tenho me empenhado em falar-lhe! Justamente para convencê-lo de que a vida não termina com a morte do corpo, que o espírito sobrevive e continua sua sina rumo à constante evolução. Quanto à vida, saiba que ela pertence unicamente ao Criador e somente Ele pode tirá-la de nós. O preço a pagar pela desobediência é altíssimo! Também não se trata de passar*

a eternidade no céu ou no inferno, como quer fazer crer certa visão religiosa simplista. Em nosso caso específico, a punição tomaria a forma da mais completa e duradoura separação! Por isso, ampliei ao máximo as limitações de meu espírito naquela noite de triste memória, justamente para alertá-lo de que não tirasse sua vida, por mais penosa que ela lhe pareça ser no presente momento. Lembre-se de que não sou eu que o proíbe de pôr término à vida de seu corpo terrestre, já que poderá fazer uso de seu livre-arbítrio a qualquer tempo e lugar! Sou apenas a mensageira que vem lembrá-lo que as leis universais devem ser respeitadas e cumpridas!

Infelizmente, nesta oportunidade, minha passagem pela Terra foi breve. Os motivos que justificam todos os infelizes acontecimentos por que passei estão relacionados a eventos de minhas vidas passadas. Nossos encontros e desencontros também estão e dia virá em que falaremos livremente sobre tudo isto novamente. Por agora, basta que acredite nas explicações que lhe dou, mesmo que elas não estejam á altura de sua integral compreensão.

Peço-lhe, sobretudo, que tenha fé! Fé em Deus, que em sua infinita sabedoria e misericórdia nunca nos desampara! E tenha fé nos objetivos da vida que segue adiante! A minha jornada foi curta, porém a sua não será! Ainda há um longo caminho que precisamos percorrer juntos, porque, mesmo que aparentemente estejamos separados, a verdade é que nossos caminhos estão entrelaçados! Todos os projetos que iniciei, todas as causas que abracei, só poderei contar com sua ajuda para que sejam efetivados! A verdade é que dependo unicamente de sua boa vontade para concluir os trabalhos que iniciei na Terra!

Como é de seu gosto, farei uma pequena lista para facilitar a compreensão. Primeiro: sabemos que você é um milionário, com mais dinheiro do que será possível gastar durante toda sua vida. Pois bem, peço que use seus

O Cético | 207

recursos de forma produtiva, de modo a melhorar a vida dos mais necessitados! Você viu como vivem as pessoas em Auteuil! Portanto, ajude-as! E, quando terminar de ajudá-las, trate de encontrar outros lugares como aquele, pois, acredite-me, eles não faltam sobre a Terra. Também não seria má ideia ajudar os pobres loucos que estão jogados em asilos, esses verdadeiros depósitos de almas infelizes e abandonadas à própria sorte. Há também as crianças necessitadas de tudo, que vivem em orfanatos, o que me leva ao próximo item...

Segundo, imagino que ainda se lembre do pequeno Maurice, pois não? Ele é órfão e vive em Auteuil à custa da caridade alheia, porque não tem nenhum parente vivo. Como é muito querido naquela vila, ele tem conseguido escapar de ser mandado para um orfanato qualquer. Porém, não sabemos por quanto tempo esse arranjo irá perdurar... Você também não tem ninguém, com exceção dos amigos, Edward e Alfred. Logo, você e Maurice são dois solitários e ficariam muito melhor se estivessem juntos, um enriquecendo a vida do outro. Na verdade, meu coração transbordaria com a mais radiante felicidade se você o adotasse! Tive esse desejo secreto por muito tempo, mas, como em tantas outras ocasiões, me faltou coragem para lhe falar. Sonhava iniciar nossa família terrestre adotando o pequeno Maurice. Você mesmo disse que ele é um excelente soldado, lembra-se?!

Terceiro: desejo que se dispa de seus preconceitos e desconfianças e passe a estudar diligentemente o espiritismo. Você foi privilegiado com uma inteligência ímpar e uma racionalidade incontestável. Tenho convicção de que, se você se debruçar sobre os argumentos espíritas, acabará por descobrir que são lógicos e igualmente racionais, acabará convencido de que sua mensagem é verdadeira, assim como minha presença também é verdadeira e que continuo sendo a mesma Jeanne de sempre, apesar da morte de meu corpo físico.

Agora preste atenção, porque já me avisaram que meu tempo para falar está se esgotando, mas ainda tenho algo de fundamental importância a dizer:

Quero que saiba que continuarei te amando sempre, na alegria e na tristeza, na saúde e na doença, nesta vida ou depois dela. Te amarei para todo o sempre...

'Aquele que tiver olhos de ver, que veja. Aquele que tiver ouvidos, que ouça'.

Sua esposa,
Jeanne Maginot Davenport

— Graças a Deus. Nossa querida amiga esteve conosco esta noite... — murmurou madame Dufaux, visivelmente emocionada.

Arthur permaneceu estático, fitando de olhos semicerrados a carta que Edward depositara sobre a mesa, como se observasse um milenar artefato arqueológico saído de uma tumba egípcia recém-descoberta no vale dos Reis. Só depois de passados vários minutos, o advogado finalmente despertou de seu transe.

— Posso levá-la? — ele pediu, não se dirigindo a ninguém em particular, mas obviamente referindo-se à carta.

— Claro. É sua. Agora, se os cavalheiros puderem me desculpar, prefiro me recolher. Sinto-me verdadeiramente exaurida depois de vivenciar tantas emoções. Muito boa noite a todos — disse a médium, e levantou-se, pronta para deixar a sala.

— Só um instante, por favor! — pediu Arthur e, num ato efusivo que contrariava sua forma de ser, pegou a mão da jovem na sua e a beijou candidamente.

— Obrigado, minha cara Ermance.

A jovem médium, surpresa e desconsertada com a inesperada atitude, apenas balançou a cabeça e, em seguida, se retirou da sala.

No trajeto de volta para casa, Arthur permaneceu mudo, olhando sem ver a paisagem noturna que desfilava por sua janela. Quando os cavalheiros chegaram à mansão, como de hábito, Alfred os aguardava com uma bandeja de chá em ponto de servir.

Depois, para surpresa de seu patrão, mesmo já tendo executado o ritual completo, o mordomo continuou vagando por ali, ocupado com coisa alguma. Talvez estivesse à espera de que a conversação começasse, porque intuíra que o assunto seria de grande interesse.

– Vá dormir, Alfred. É bastante tarde e já estamos satisfeitos. Boa noite – disse Arthur, tratando de despachá-lo de uma vez por todas.

Somente depois que o prestativo mordomo deixou a sala, Edward criou coragem para fazer a pergunta que lhe consumia a mente desde que tinham deixado o *château* dos Dufaux.

– Diga-me, caro amigo, o que achou da mensagem? Vê alguma chance de que seja autêntica?

O investigador retirou a carta do bolso de seu paletó e a abriu sobre a escrivaninha; depois passou um longo momento apenas alisando-a carinhosamente, como se as marcas da dobradura no papel pudessem tê-la ferido de alguma forma. Em seguida, para desespero do amigo aflito, em vez de responder, Arthur preferiu acender seu cachimbo preferido. Somente vários minutos depois, ocupado em construir diáfanas figuras de fumaça pelo ar, é que o investigador finalmente começou a elucubrar sua teoria em voz alta.

– Vejamos. Somente para facilitar sua compreensão, farei uma pequena lista... – disse ele, em seguida dando uma gostosa gargalhada. – Caro Watson, não se pode afirmar que os espíritos não preservem seu habitual senso de humor!

"Bem, primeiramente, há que ser analisada a questão da letra e da respectiva assinatura. Tenho aqui em algum lugar um cartão escrito de próprio punho por Jeanne" – e imediatamente ele abriu uma das gavetas da escrivaninha, retirando um diminuto cartão que colocou ao lado da carta.

210 | José Bento / Ada May

– É evidente que não sou um perito no assunto, mas a caligrafia parece ser intrinsecamente a mesma, apesar do tamanho da letra na carta estar um pouco maior; a assinatura também confere, apesar de afetada pela mesma diferença.

Edward Watson balançou a cabeça em concordância, porque fora exatamente a mesma impressão que tivera a princípio.

– No entanto, é preciso que se diga que a jovem médium poderia facilmente imitá-la, já que conheceu Jeanne desde sempre e por ela foi alfabetizada.

Ao ouvir tamanha blasfêmia, o médico revirou teatralmente os olhos, numa veemente manifestação de indignação com tamanha calúnia.

– Segundo, a mesa estava coberta com uma toalha, o que poderia de certa forma ter facilitado o repasse de alguma informação enquanto a sessão transcorria.

– Pode me dizer que tipo de repasse teria ocorrido, se a médium esteve o tempo todo com as mãos sobre a mesa e os olhos praticamente fechados? – perguntou o médico, bastante contrariado com aquela argumentação vazia.

– Caro Watson, também não imagino que tipo de coisa seria, apenas constato um fato por mim observado – disse Arthur, dando de ombros.

– Em terceiro, posso ressaltar a temática evangelizadora dos comentários, justificando a doutrina espírita e assuntos relacionados. Tudo isso poderia ter saído da mente da jovem médium... – e o investigador fez uma breve pausa, que aproveitou para puxar grandes baforadas de seu cachimbo, enchendo de fumaça o pulmão de seu pobre companheiro de investigação.

– Logo, pelo que vejo, você parece convencido de que... – ia dizendo Edward, quando foi abruptamente interrompido por um gesto brusco de seu amalucado interlocutor.

– Ainda não acabei. Todavia, simultaneamente a isso tudo, existem indícios que não poderiam de modo algum ter sido forjados por quem quer que fosse. Por exemplo, há esse parágrafo em que o suposto espírito de Jeanne fala sobre o pequeno

O Cético | 211

Maurice. Também aqui temos informações que poderiam ser do conhecimento da médium, já que as duas eram amigas inseparáveis. Jeanne poderia ter contado para Ermance da existência do garoto órfão chamado Maurice, que vivia à custa da caridade alheia em Auteuil. Jeanne poderia também ter confidenciado seu desejo de adotá-lo num futuro próximo. Mas, exatamente neste parágrafo aqui, está a informação que despertou minha atenção:

– "Você mesmo disse que ele é um excelente soldado, lembra-se?!" – Arthur leu em voz alta, depois esticou o dedo comprido e ossudo para apontar na carta o trecho a que se referia.

– Não entendi... – assumiu o pobre médico, cada vez mais confuso.

– Fui eu mesmo quem disse isso à Jeanne, quando estávamos a sós naquele maldito hospital. Que Maurice tinha me ajudado muito em Alteuil e que era um excelente garoto, foi isso que eu quis dizer, usando a metáfora do soldado. São palavras minhas. Ninguém mais as conhecia a não ser Jeanne e eu.

"Porém, o maior absurdo de todos está exatamente aqui, neste trecho final, quando Jeanne explicita que ainda tem algo muito importante a dizer: 'Quero que saiba que continuarei te amando sempre, na alegria e na tristeza, na saúde e na doença, nessa vida ou depois dela. Te amarei para todo o sempre...'" – a essa altura, a voz do viúvo embargou-se e Edward viu-se estimulado a confortá-lo:

– Com certeza é uma belíssima declaração de amor. Todos ficamos emocionados, mas você há de afirmar que Ermance teria sensibilidade suficiente para escrevê-la e que...

– Não! Muito pelo contrário! Compreenda, caro amigo, que esta não é a primeira vez que Jeanne me diz isso! Ela fez este mesmo juramento, palavra por palavra, no dia de nosso casamento, antes que adormecesse e me deixasse para sempre, ou, melhor dizendo, que me deixasse até agora...

– Acaso, está afirmando que acredita que a carta é...

– Autêntica! Absolutamente verdadeira! Ninguém estava lá para ouvir esta declaração de amor, exceto eu mesmo! Não sei como isso é possível, não sei quais são as leis da natureza que estão sendo derrogadas por esse fenômeno estupendo, mas a verdade é que há provas que não podem ser refutadas! Não são apenas indícios! Sei que tudo isso parece loucura, mas graças a Deus que não estou louco! Vocês todos estavam lá também! Viram quando Ermance colocou estas palavras todas no papel, sem interrupções e de olhos fechados! Agora tenho a prova dessa extraordinária comunicação entre os mundos aqui mesmo em minhas mãos!

– Essa conclusão é mesmo fenomenal! É um evento maravilhosamente único! – disse Edward, exultante. – Também foi essa a minha impressão, mesmo não conhecendo esses dados comprobatórios que somente você poderia ter! Diga-me, caro amigo, o que pretende fazer agora?

– Abrirei uma exceção à regra e encherei a cara! Me acompanha?

– Sem sombra de dúvida! – respondeu o devotado amigo.

15

Paris, França.
Março de 1859.

Depois daquela noite de contornos históricos, a vida de Arthur C. Davenport nunca mais seria a mesma. Todas as pessoas que o conheciam, mais cedo ou mais tarde acabariam por reconhecer que o milionário já não era como antes. O primeiro a notar foi o próprio Alfred, que viu a biblioteca de seu patrão ser invadida por uma série de títulos estranhos e inusitados, assinados por eminentes cientistas e também por místicos obscuros. O segundo que reparou foi seu melhor amigo e médico, quando observou que a bebida e o fumo estavam paulatinamente sendo retirados da rotina da casa.

Porém, para o mordomo a vida mudaria definitivamente na manhã em que seu patrão o chamou até o quarto de hóspedes e anunciou:

– Caro Alfred, preciso que vá a cidade comprar alguns novos itens para este aposento.

O mordomo, que imaginava ter tudo sob controle na mansão, experimentou certa confusão com o comentário, por isso deu uma boa olhada em torno antes de perguntar:

– Deseja uma nova roupa de cama, *sir* Arthur?

– Não exatamente. Quero que adquira coisas de criança, compreende? Preciso de roupas de frio que caibam num garoto de uns seis ou sete anos e também alguns brinquedos e livros infantis... – os olhos do mordomo foram se abrindo de puro espanto, à medida que o patrão ia explicitando suas ordens.

– Compreendo, *sir* Arthur. Será muita petulância de minha parte indagar para que obra de caridade devo encaminhar todas essas coisas?

Arthur não conseguiu conter uma gargalhada antes de responder ao atarantado mordomo. Nesse instante, Edward, que passava pelo corredor, ouviu a movimentação e resolveu entrar para ver o que se passava.

– Que bom que você está aí, meu caro Edward! Assim mato dois coelhos de susto de uma tacada só! Requisito vossa atenção um instante para dar um aviso importante do capitão da nau inglesa Davenport à sua tripulação: a partir de hoje, teremos o acréscimo de um novo tripulante!

O atônito mordomo olhou de um homem para outro, como se não reconhecesse nenhum deles.

– Macacos me mordam se esse novo marujo não é um garoto do subúrbio chamado Maurice!

– Elementar, meu caro Watson! Já fiz contato com uma família em Auteuil, com quem ele costuma ficar com mais frequência, e eles estão apenas esperando que eu vá até lá. Também falei com meus advogados, que já trataram de todos os trâmites burocráticos. Agora, só falta ir buscá-lo!

– Você falou com o menino? – perguntou o amigo.

– Era preciso? – Arthur inclinou a cabeça para o lado, pensando por que cargas d'água essa providência ainda não tinha lhe ocorrido.

– Bem, o máximo que pode acontecer é ele se rebelar contra a ideia de virar um almofadinha inglês e tentar fugir para se alistar na Legião Estrangeira... – obviamente Edward estava brincando, mas o medo que essa terrível ideia suscitava acompanhou Arthur durante todo o trajeto que percorreu até chegar à distante Auteuil.

Quando seus patrões deixaram a mansão na direção do subúrbio, o pobre mordomo permaneceu atônito e completamente abalado pela novidade. Ele tentava imaginar como seria sua nova rotina, àquela altura da vida, tendo que correr atrás de um menino de seis ou sete anos pela casa. Para se tranquilizar, ele chamou à sua presença três das melhores e mais responsáveis criadas de seu exército de funcionários e distribuiu ordens expressas para que atendessem a quaisquer necessidades ou desejos que o novo patrãozinho tivesse.

– Dê-me paciência, Senhor! – pediu o mordomo, olhos postos no céu, assim que se viu sozinho novamente.

Foi assim, dessa maneira tosca e um tanto atabalhoada, que o pequeno Maurice, menino órfão de Auteuil, passou a ser o filho adotivo de Arthur C. Davenport e Jeanne Maginot Davenport.

Paris, França.
Março de 1860.

– Vamos, Maurice! Seu pai o aguarda! – anunciava o mordomo pelos corredores, enquanto o menino se fazia de surdo, brincando de esconde-esconde com os criados.

– *Sir* Arthur já está na carruagem! Mandou avisá-lo que esperará apenas mais cinco minutos e depois partirá sozinho para a livraria.

Decerto aquela era a palavra mágica, com poder de arrancar o pequeno duende loiro de seu esconderijo. Maurice passou pelo velho mordomo correndo como um potro desenfreado e assim desceu a grande escadaria da mansão com Lucy, a criada, colada em seus calcanhares.

– Aí está você, soldado! – disse o pai assim que a cabecinha loira adentrou a carruagem.

– Vamos à livraria, papai?

– Claro! Fui informado que acabaram de chegar à livraria obras que são de nosso interesse! Precisamos ir checar!

Naquele ano, Maurice fora matriculado num excelente colégio e andava encantado com o novo mundo da alfabetização, feito de letras, gravuras e livros. No colégio, ele aprendia a ler em francês e, em casa, era alfabetizado em inglês por Arthur e Edward. Verdade seja dita, sua inteligência aguçada e curiosidade insaciável facilitavam em muito o trabalho de seus mestres. O pai sentia prazer em ensiná-lo pessoalmente e incentivava seu interesse pelos livros, levando-o regularmente à Livraria E. Dentu, que rapidamente havia se transformado no lugar preferido de Maurice.

Arthur descobriu que também gostava das visitas que faziam juntos à livraria, apesar do lugar lhe despertar conflituosas recordações. Fora ali que ele conhecera Ermance e, por causa de seu destemperado preconceito contra os espíritas, iniciara a confusão que acabaria afetando toda sua vida.

Talvez o destino, numa festiva ironia, tivesse planejado conduzir o renitente investigador de volta ao lugar onde sua saga tivera início, justamente no dia do lançamento de uma nova versão de O livro dos espíritos, numa publicação revista e devidamente ampliada.

Assim que entraram na imponente livraria, Arthur percebeu que havia um evento importante acontecendo no salão principal. Leu uma placa sobre a mesa principal coberta de exemplares do livro espírita e decidiu ir embora o quanto antes. Porém, Maurice aproveitou a aglomeração de convidados para sair correndo em direção à sessão infantil, abandonando o pai à mercê da confusão no salão. Para alcançá-lo e levá-lo de volta para casa, Arthur teria que obrigatoriamente transpor o recinto de uma ponta à outra. Contrariado, Arthur C. Davenport arriscou-se pelo salão, ainda alimentando uma pequena esperança de não cruzar com alguém conhecido pelo caminho.

O Cético | 217

Entretanto, não tinha dado dois passos quando deu de encontro com o casal Dufaux. Cumprimentou-os polidamente e seguiu adiante como um imperturbável general liderando sua frente de batalha. Quando alcançou a ala infantil, Arthur sentiu um verdadeiro alívio por ter conseguido cruzar o campo inimigo sem sofrer qualquer tipo de ataque ao seu amor-próprio. Satisfeito, finalmente avistou a cabecinha loira que tinha ansiosamente procurado pelo salão repleto.

O pequeno Maurice estava sentado no chão, rodeado por vários livros ilustrados e parecia bastante satisfeito. Porém, para seu completo infortúnio, Arthur avistou a jovem e bela médium Ermance Dufaux sentada numa cadeira ao lado do menino. Também reparou que seu pequeno soldado confraternizava ativamente com a força contrária, rindo e trocando informações. Como não havia meio de resgatar seu recruta sem ser detectado pelo fogo inimigo, Arthur respirou fundo para tomar coragem e depois seguiu em frente, pronto para enfrentar a nova batalha que o destino rebelde colocava à sua frente.

– Como vai, *mademoiselle* Dufaux? – perguntou o advogado, esticando a mão grande e ossuda para cumprimentá-la.

– Que agradável surpresa! – disse Ermance, com seus brilhantes olhos azuis resplandecendo de espanto ao vê-lo. – Não vá dizer que veio para o lançamento da versão atualizada de *O livro dos espíritos*?

– Desculpe minha ignorância, mas para ser franco acho que estou invadindo este evento, posto que não disponho de um convite apropriado.

Ermance riu diante do ineditismo da ideia de um milionário como Arthur C. Davenport invadir um evento para o qual não fora convidado. Mas, antes que a conversa pudesse prosseguir, Maurice ergueu-se de sua ilha de livros e agarrou-se às intermináveis pernas de seu pai.

– Vejo que já se conheceram! Permita-me apresentá-la formalmente a este valoroso soldado, Maurice Davenport, meu filho.

218 | JOSÉ BENTO / ADA MAY

– Por Deus! Muitíssimo prazer, Maurice! Sou Ermance Dufaux, uma grande amiga de sua mãe.

O menino loiro elevou os olhos cor de mel na direção da jovem dama e abriu um brilhante e simpático sorriso.

– Então, você é o famoso Maurice! Perdoe-me a intimidade, mas sinto como se já o conhecesse há muito tempo! – disse a jovem, e, num arroubo de felicidade, deu um abraço e depois um beijo na face do menino encabulado.

Por um momento, Arthur colocou-se de lado e ficou a observar com que naturalidade e simpatia os dois jovens conversavam. Quem os visse assim tão próximos, certamente os tomaria por parentes ou por grandes amigos. Seu coração se apertou, diante da certeza de que Jeanne teria ficado muito feliz se pudesse vê-los assim reunidos.

– Também tenho certeza de que ela está feliz... – murmurou Ermance, quando Arthur se inclinou junto a sua cadeira para se despedir.

– Até breve, Ermance. Espero que venha nos visitar. Será uma honra recebê-la em nossa casa... – convidou Arthur, sendo realmente sincero.

– Au revoir, *mademoiselle*! Vamos, papai! Venha pagar pelos livros que escolhi! – despediu-se o pequeno furacão, arrastando o pai pela mão em direção ao caixa.

Os dois estavam praticamente de saída quando Maurice, cedendo a um impulso infantil, apanhou de uma pilha um exemplar da nova versão de *O livro dos espíritos*. Assim que tomou posse do livro, o menino avistou o autor, Allan Kardec, sentado a uma mesa próxima, distribuindo dedicatórias aos seus leitores.

Antes que Arthur pudesse tentar impedi-lo, Maurice correu entre a pequena multidão e tomou um lugar na aglomeração que cercava o autor. Como um autômato, Arthur seguiu o filho até a fila improvisada e, juntos, aguardaram pela vez de receber a assinatura do autor na contracapa do livro. Ainda atônito, Arthur ouviu a voz do filho respondendo à pergunta do mestre lionês:

— *Monsieur*, por favor, dedique ao meu pai, Arthur C. Davenport — disse o garoto, olhando de soslaio para Arthur e sorrindo.

O gentil autor sorriu de volta e escreveu a dedicatória exatamente como o menino havia pedido, em seguida desarrumou sua cabeleira loira com um afago entusiasmado e depois apertou firmemente a mão de seu pai.

Assim que os dois companheiros deixaram a livraria, o menino pegou seu troféu e, imensamente satisfeito, tratou de entregá-lo ao pai.

— Presente para o general! Este é especial, porque é o meu primeiro que tem a assinatura do próprio autor!

Arthur pegou o livro e abraçou o menino longamente, depois virou-o de costas e rapidamente colocou-o para dentro da carruagem, porque não queria que o pequeno soldado visse as lágrimas que arrancara ao seu general.

Naquela mesma noite, depois de ter colocado o pequeno Maurice em sua cama, Arthur encontrou o famigerado livro com assinatura que o filho havia deixado sobre sua escrivaninha.

Sentou em sua poltrona favorita com o livro na mão, pensando seriamente no problema que aquele objeto lhe criava. Por um lado, se tratava de literatura espírita que por certo merecia ser esquecida numa prateleira qualquer de sua vasta biblioteca, por outro era o primeiro autógrafo de seu filho e, principalmente, uma grande demonstração do afeto que os unia.

Essa estranha combinação de incômodo e afeição suscitava lembranças amargas. O espiritismo, sempre ele, desde o início, fora um grave entrave às suas afeições. Se um dia foi o responsável pela ruptura com o grande amor de sua vida, depois, qual vilão redimido, o trouxera de volta. E, no momento em que o amor finalmente retornava à sua vida na presença do filho tão querido, eis que o espiritismo novamente se materializava à sua frente como se fosse à própria maldição do faraó.

"Ainda não estou pronto para enfrentá-lo novamente", pensou o investigador, decidindo guardar a obra numa gaveta de sua escrivaninha particular. Porém, no último instante, não resistiu a dar outra olhada na já famosa assinatura, que continha conotações tão especiais.

"Allan Kardec". Fitando a caligrafia resoluta e elegante, Arthur lembrou-se da firmeza que havia no aperto de mão com que o autor o cumprimentara e reviu com os olhos da memória, o sorriso franco que o distinto cavalheiro dera ao menino. Reviveu a impressão que tivera antes de estar diante de um homem de caráter, cuja magnitude não lembrava nem de longe o lunático que habitara seus pesadelos durante tanto tempo.

Como uma recordação sempre puxa outra, Arthur lembrou-se em seguida da ocasião em que montara vigília na cafeteria onde o escritor costumava trabalhar somente para investigar seu comportamento. Então, subitamente, um sentimento muito grande de arrependimento o assaltou:

"Por que não abordei o homem quando tive oportunidade? Por que cargas d'água não discuti com o próprio o conteúdo de suas ideias controversas, que aliás, tanto me incomodavam?"

"Por que não dialogamos como duas pessoas inteligentes e racionais, com direito de divergir sem ter que necessariamente discutir?" – perguntava-se o investigador, num monólogo muito peculiar.

– Porque você é um turrão e um teimoso! Um sabichão que se acha dono da verdade absoluta! Um grande cabeça-dura, incapaz de ter um debate isento com quem quer que seja! – o próprio Arthur respondeu, desta vez em voz alta para que não restasse nenhuma dúvida sobre a verdade.

Uma nova folheada naquele exemplar de *O livro dos espíritos* fez com que o investigador percebesse que os 501 diálogos publicados na primeira versão haviam assumido o aspecto de 1.018 perguntas e suas respectivas respostas, todas numeradas e acompanhadas por comentários e notas explicativas devidamente revisadas pelo próprio Kardec. Estava ali, bem diante de seus olhos, uma nova oportunidade de dialogar com o renomado professor francês sobre a nova filosofia, chamada espírita.

Arthur pôs mãos à obra, ou, melhor dizendo, olhos, passando imediatamente à sua leitura. Ao contrário da versão anterior, que o investigador lera apenas para melhor contestar e criticar, a leitura de agora buscava fazer um minucioso estudo do espiritismo.

Quando o sol de outro dia nasceu, novas luzes iluminavam a mente daquele homem, que não saberia explicar o que havia mudado; talvez fosse o novo formato da obra, ou sua própria mudança de ânimo, mas a verdade é que naquela segunda vez a leitura lhe pareceu muito mais lógica e elucidativa.

Todos os argumentos que antes haviam soado como mera provocação em torno do absurdo, subitamente pareceram plausíveis e perfeitamente aceitáveis diante de determinadas premissas. Por exemplo, tudo que o autor explicava parecia ser possível e estar de acordo com a ordem presente no cosmos, depois que a premissa inicial era acatada: os espíritos existem. Se considerarmos que a vida não termina com a morte e que os espíritos que animam os corpos de homens e mulheres encarnados continuarão existindo num outro plano, o espiritual; que Deus cria os espíritos brutos e ignorantes e os lança na aventura da vida humana para aprimorar sua conduta moral no caminho da eterna evolução.

Arthur ponderou que, incrivelmente, agora tudo que estava escrito ali fazia sentido diante de sua mente dilatada pelo espiritismo. Admirado, ele começou a observar como as peças iam pouco a pouco se encaixando e, finalmente, um gigantesco quebra-cabeça ia tomando forma bem diante de seus olhos.

Londres, Inglaterra.
Fevereiro de 1861.

Alfred chapinhou perigosamente pela entrada enregelada da mansão londrina para receber a correspondência do dia diretamente das mãos do carteiro. Era um serviço de responsabilidade que o fiel mordomo jamais delegava a ninguém, não importando o tempo medonho que estivesse fazendo do lado de fora.

Entrou de volta e, ainda tiritando por causa do frio glacial, Alfred reparou que, entre cartas, jornais e panfletos diversos, havia uma encomenda destinada a Arthur C. Davenport que, pelo formato, só poderia ser um livro. Somente depois de colocar seu tesouro diário sobre a mesa do escritório de seu patrão, o mordomo se permitiu aquecer o velho esqueleto à beira da lareira acesa.

– Vejo que trouxe a correspondência, meu caro Alfred. Muito agradecido – comentou o patrão, adentrando o recinto.

– Ora, ora! Temos aqui uma remessa vinda diretamente de Paris! – Arthur comentou, curioso. – Atenção ao remetente: Ermance Dufaux! – disse ele, lendo em voz alta.

– Na certa é um livro para Maurice – declarou enquanto abria o embrulho.

O advogado e, antes dele, o mordomo, estavam certos quanto ao fato da encomenda ser um livro, porém, o destinatário não era o filho, mas, pelo contrário, era o pai. Acompanhando o livro havia uma carta:

Caro Arthur C. Davenport,

Espero sinceramente que tenham feito uma excelente viagem de volta à Inglaterra. Ainda não faz muito tempo que vocês saíram daqui, mas meu coração já lateja de saudades de nosso querido Maurice.

Diga a ele, por favor, que espero ansiosamente por notícias e que jamais o perdoarei se não receber pelo menos

O Cético | 223

uma carta sua a cada semana. De qualquer forma, caso ele não cumpra essa combinação, escreverei uma carta por semana somente para lembrá-lo desse compromisso!

No entanto, estou escrevendo porque, como você deve ter notado quando abriu o envelope, tomei a liberdade de enviar um exemplar da primeira edição de O livro dos médiuns, *justamente o mais novo livro saído da bendita sementeira de* monsieur *Allan Kardec.*

Diante das excelentes conversas que tivemos sobre filosofia espírita durante o ano que se foi, quis ser a primeira pessoa a ofertá-lo, pois tenho convicção de que esse volume irá ajudá-lo a compreender melhor como funciona a mediunidade e seus respectivos mecanismos.

Garanto que esse livro será de fundamental importância aos espíritas, por constituir uma espécie de manual de operações para médiuns de toda sorte, e também para o próprio espiritismo, na medida em que ajuda a evitar que charlatões abusem da curiosidade alheia para produzir suas fraudes. Como diz o próprio Kardec, somente o estudo continuado e eficaz da doutrina espírita será capaz de produzir o conhecimento necessário para nos proteger dos embusteiros de carne e osso e também da lábia dos espíritos mal-intencionados.

Por tudo isso é que peço sua atenção para o presente volume, que considero como uma excelente continuação dos importantes assuntos abordados em O livro dos espíritos. *Também não será preciso mencionar o fato de que aguardarei ansiosamente suas impressões sobre essa obra.*

Envie meus cumprimentos a todos, especialmente ao querido Maurice.

Até breve,
Ermance Dufaux

Arthur virou e revirou o livro nas mãos, sem perceber que um largo sorriso havia brotado em seu rosto. Pensava na louca ironia do destino que colocara a médium e o cético, lado a lado, trocando cartas e livros como se fossem antigos companheiros de estudo.

A verdade é que há tempos Arthur não poderia ser chamado de cético. Decerto, desde a noite em que Jeanne havia gritado ordens dentro de sua cabeça para evitar que ele se matasse; desde que novamente ela manifestou sua existência através da carta escrita por intermédio de Ermance e que ele guardava como se fosse seu maior tesouro; desde que Maurice viera dar sentido a sua vida, atendendo ao último pedido de sua adorada esposa.

Definitivamente, a essa altura de sua vida, Arthur C. Davenport não poderia ser considerado um cético, que por definição é 'aquele que não acredita'. Arthur acreditava na força do amor e nas potencialidades do espírito humano, que, por ser tão forte e valoroso, podia sobreviver à dor, à separação e até mesmo à morte.

16

Londres, Inglaterra.
Maio de 1864.

Foi num de seus rotineiros passeios pelas ruas movimentadas e barulhentas do centro da grande cidade, que se estendia de Oxford *street* até Notting Hill, que Arthur e Maurice encontraram uma livraria estalando de nova.

– Papai, por favor, vamos entrar! – pediu Maurice, que gostava mais de livros do que de doces ou brinquedos.

As gigantescas prateleiras de madeira envernizada que recobriam de alto a baixo as paredes de seus dois andares constituíam uma visão magnífica aos amantes da literatura. No espaço do mezanino havia um grande salão decorado com aprazíveis poltronas de couro marrom-escuro, ladeadas por mesinhas de madeira nobre onde os clientes podiam tomar o chá da tarde enquanto folheavam os livros já escolhidos ou ainda por escolher.

O advogado tratou logo de acomodar-se numa robusta poltrona, enquanto o filho voejava pelos corredores como um pintassilgo entre as flores de um jardim. Mal sentou, Arthur notou que, na mesinha ao lado de sua poltrona, estavam expostos vários exemplares de um mesmo livro. Apanhou o primeiro da

226 | José Bento / Ada May

pilha e viu que se tratava de um lançamento chamado *Imitação do evangelho segundo o espiritismo*, da autoria de Allan Kardec.[8]

Imediatamente Arthur pôs-se a ler o prefácio que afirmava que a obra continha a visão espírita sobre os *evangelhos* do Cristo, tratando-os com objetividade, em linguagem livre de figuras alegóricas e parábolas místicas. Ou seja, uma reunião dos trechos do *evangelho* de Jesus, que por si só constituíam um código de moral universal, sem distinção de cultos.

– Que objetivo ambicioso! – admirou-se o investigador, imediatamente convencido da necessidade premente de ver quais seriam as explicações dadas pelo espiritismo para tudo o que dizia a Bíblia sobre os evangelhos. E nem bem tinha iniciado, percebeu que o livro teria uma importância inestimável ao movimento espírita.

"Primeiro enviaram a filosofia, agora, mandam a moral..." – cismava o investigador, subitamente desconfiado.

– Papai, olhe o que encontrei: *Os miseráveis*, de *monsieur* Victor Hugo. Eu preciso deste livro!! – era Maurice que chegava para interromper o fluxo de seus pensamentos, exibindo com verdadeiro orgulho um calhamaço de capa de couro escrito por outro famoso francês.

– Pois que hoje seja o dia de prestigiar o talento dos renomados autores franceses! – disse o pai. De posse de seus novos tesouros, Arthur e Maurice interromperam o passeio e voltaram mais cedo para casa.

Depois da leitura de *Imitação do evangelho segundo o espiritismo*, Arthur passou vários dias ensimesmado e, quando não estava trancado em sua amada biblioteca, vagava pela casa entristecido e pesaroso, como se tivesse sofrido alguma grande perda. Maurice tentou inutilmente alegrá-lo, distraindo-o com conversas sobre os possíveis roteiros das viagens que fariam quando estivessem de férias. Arthur ouvia com atenção, mas

---

[8] A primeira edição da mais famosa obra de Allan Kardec levou o título de *Imitação do evangelho segundo o espiritismo*, recebendo o título definitivo de *O evangelho segundo o espiritismo* apenas a partir da sua segunda edição.

O Cético | 227

pouco participava, limitando-se a prometer que o levaria aos confins da Terra no futuro, desde que fosse deixado em paz no presente. Alfred também se preocupava, imaginando que já vira seu patrão em estado parecido em outras ocasiões, todas relacionadas a períodos difíceis de sua vida, onde sofrera perdas pessoais irreparáveis.

Por tudo isso, quando Edward subitamente chegou de Paris sem avisar para fazer uma visita surpresa, o mordomo, o filho e a criadagem, enfim, todos na mansão respiraram aliviados, porque suas preces finalmente haviam sido ouvidas.

– O doutor precisa encontrar uma desculpa para examiná-lo! Conheço *sir* Arthur como a palma de minha mão e garanto que ele não está nada bem. Pergunte ao Maurice! – o mordomo confidenciou ao médico na primeira oportunidade em que ficaram a sós.

– Meu pai parece uma sombra de si mesmo, vagando por aí como o fantasma de um gaulês! – resmungou o filho, quando o médico perguntou sua opinião sobre o estranho comportamento de Arthur.

Depois de um dia inteiro dedicado à observação, reflexão e análise dos fatos, o médico finalmente concluiu seu diagnóstico. À noitinha, depois que todos se recolheram em seus aposentos, Edward convidou o amigo para uma última chávena de chá, agora que os novos hábitos não alcoólicos estavam em uso na mansão:

– Caro amigo, lamento informar, mas conheço bem o mal que o aflige neste momento peculiar de sua vida – disse o médico com seu jeito objetivo, ao que Arthur respondeu com um teatral arquear de sobrancelhas.

– Você está sendo novamente atacado pela melancolia patológica, que agora começa a ser mais precisamente chamada de depressão mental.

Ao contrário do que o médico imaginou, o amigo não refutou sua opinião, mas continuou mudo e apático, demonstrando um completo desinteresse pelo assunto.

228 | JOSÉ BENTO / ADA MAY

Percebendo que daquele jeito a conversa não seguiria adiante, Edward levantou-se da poltrona e começou a revirar as gavetas da escrivaninha do amigo.

– Será mais fácil se me disser o que está procurando... – informou o investigador.

– Aqui está! Sabia que algo intrínseco à sua natureza o impediria de se livrar dele! – respondeu o médico, segurando o velho cachimbo com cabo de madrepérola que tinha sido o preferido do amigo nos tempos em que era um desenfreado tabagista.

Ao menos a brincadeira conseguiu arrancar um sorriso de Arthur.

– Minha recomendação médica é para que o acenda agora mesmo, porque temos muito que conversar...

Obedientemente, Arthur encontrou em outra gaveta a antiga tabaqueira de ouro que herdara de seu pai, pegou uma porção de fumo e encheu o cachimbo. Só depois que os anéis de fumaça branca começaram a rodopiar elegantemente pela sala, foi que o médico retomou a conversa que precisava ter com aquele paciente difícil.

– Quero que faça um esforço para se lembrar qual foi o acontecimento que serviu como gatilho neste estranho processo de acabrunhamento. Pense: quando foi que começou a ficar assim desanimado e entristecido? – questionou o médico.

– Isso é fácil. Tenho certeza de que comecei a me sentir desanimado depois que encerrei a leitura do novo livro de Allan Kardec – e o advogado apanhou o exemplar da *Imitação do evangelho segundo o espiritismo* que estava sobre a mesa e jogou-o para o amigo.

– Não compreendo! Como um livro que fala sobre os *evangelhos* pode tê-lo deixado nesse estado de prostração absoluta?

– Elementar, meu caro Watson – disse Arthur, finalmente dando um sorriso, saudoso do tempo em que ele e o companheiro de investigações eram jovens preocupados em desvendar mistérios muito mais simples do que aquele que agora lhe assolava a mente.

– Esse livro me fez ver que não estou seguindo as recomendações feitas por minha amada Jeanne. E o pior é que não me sinto com energia para realizar tudo que ela me pediu.

– Do que está falando, caro amigo?

– Sobre os trabalhos. Lembra-se? A coisa toda relacionada à prática da caridade...

– Não seja tão severo consigo! Sei de fonte segura que, antes de partir para a Inglaterra, você enviou uma verdadeira fortuna às famílias de Auteuil; que você também financiou a construção de uma escola e de um posto de saúde, e que vem mantendo tudo com recursos de seu próprio bolso. Se isso não é ajudar o próximo, então, não sei qual o significado da palavra caridade!

Arthur tamborilou os dedos sobre a mesa, hábito que adquirira desde que decidira parar de beber definitivamente.

– Não se trata de dinheiro, Watson! Dinheiro eu tenho de sobra e certamente que distribuí-lo por aí não me dá trabalho algum, apenas gera mais despesas com advogados! O livro me fez compreender que ajudar o próximo significa exigir mudança e trabalho de si mesmo! De nada adianta distribuir dinheiro à mão cheia se o indivíduo não estiver emocionalmente envolvido com o processo, compreende?

O médico quedou-se taciturno por uma boa meia-hora, até que sentiu que compreendia onde o amigo queria chegar. Finalmente, retomou a conversa:

– Tem alguma ideia do que podemos fazer para remediar tal situação, caro amigo?

– Imagino que servi de cobaia em algum novo tipo de experimento terapêutico, caro Watson! Nunca percebi como o tabaco me ajuda a pensar de forma mais eficiente...

– Duvido muito que seja o tabaco, caro amigo! É muito mais a questão comportamental, enraizada no hábito de concentrar a atenção no ato simbólico de acender o cachimbo e depois em fitar os anéis de fumaça, vasculhando o próprio cérebro em busca de soluções para seus problemas. Deve funcionar para você mais ou menos como a meditação para os hindus...

– Que seja! A boa notícia é que funcionou, porque neste tempo em que estivemos aqui sentados, desfrutando deste silêncio sepulcral, acabei tendo excelentes ideias! Ouça, lembro que Jeanne pediu que eu atuasse em duas frentes específicas, trabalhando para diminuir a orfandade e a melhorar o tratamento dado aos que sofrem com a loucura, especialidade médica com que ela mais se preocupava.

– Certo. Continue – pediu o médico.

– Já tenho as respostas sobre o que devo fazer, mas precisarei de toda a ajuda que puder reunir, inclusive a sua! Para início, criarei aqui mesmo, em Londres, um orfanato modelo, que acompanharei de perto. Para tanto, contratarei os melhores especialistas em educação e comportamento infantil. Também pretendo envolver Maurice no projeto, que poderá nos orientar sobre tudo o que diz respeito às necessidades das crianças órfãs.

– Parece-me um excelente projeto! Conheço vários profissionais que posso indicar!

– Já a segunda parte do meu plano é um pouco mais complicada e precisará de pessoas muito competentes para sair do papel! Para atender à segunda exigência de Jeanne, terei que montar um hospital psiquiátrico que, além de modelo a ser imitado, também possa servir de escola, onde um novo tipo de profissional da saúde será formado. Quero que nossos pacientes sejam atendidos por médicos dedicados, que se interessem pela vida além da doença de seus pacientes, por quem hão de se sentir responsáveis. Também quero que nossos pacientes tenham acesso às mais modernas técnicas de tratamento, inclusive às apregoadas pelo magnetismo e pelo espiritismo, através de passes e tratamentos da obsessão. Trataremos a loucura como um processo físico e mental, sem estigmas! Uma doença como outra qualquer, a que se possa tratar e até mesmo curar! Aos alienados absolutamente incuráveis reservaremos outra espécie de asilo, um lugar especialmente dedicado a atendê-los com todo a amor e respeito até o fim de seus dias.

– Por Deus, é um projeto muito ambicioso!

— Concordo plenamente! É quase certo que não conseguirei executá-lo a contento, a não ser que você seja o responsável pelo hospital.
— Está sugerindo que...
— Você volte para Londres! Que assuma a direção desse novo hospital e me ajude a transformar um sonho em realidade!
— Mas, Arthur, sinceramente, não sei se eu poderia ajudá-lo... Você irá precisar de médicos especialistas e eu não sou psiquiatra!
— Vou precisar de gente honrada, com o coração cheio de amor para dedicar ao próximo, e isso você tem de sobra, caro amigo! Peço em nome da nossa velha amizade! Por favor, diga que aceita...
— Ainda não tinha lhe contado, mas a verdade é que há muito tempo, mais precisamente depois que você e Maurice vieram para Londres, que venho pensando seriamente em voltar a viver na Inglaterra... — disse o médico, um pouco sem graça, de olhos postos no desenho do tapete persa abaixo de seus pés.
— Excelente! Nada no mundo poderia ser melhor do que isso! Seja muito bem-vindo, caro Edward Watson! O doutor acaba de ganhar um hospital para chamar de seu! — disse Arthur, cuja tristeza parecia ter-se evaporado em pleno ar.
— Assim, se tudo der certo, atuarei simultaneamente nas duas frentes de trabalho que me foram propostas por Jeanne! Será o bastante, Watson?
— Isso só o tempo dirá, caro amigo. Por enquanto, pode contar comigo para o que for preciso! — prometeu o médico.
— Para comemorar, me acompanha noutra rodada de chá?
— Com enorme prazer!
— Brindemos a nossa querida Jeanne! — ao que Arthur elevou sua xícara de porcelana no ar, batendo-a alegremente na de seu companheiro de jornada.

232 | JOSÉ BENTO / ADA MAY

Londres, Inglaterra.
Setembro de 1864.

Foi justamente em setembro que os afamados médiuns irmãos Ira e William Davenport chegaram à Londres para fazer uma turnê por alguns países da Europa. A cidade ficou em polvorosa e vários jornais noticiaram sua vinda, exaltando suas façanhas. A primeira sessão privada da dupla aconteceu na residência de *mr.* Dion Boucicault, famoso ator e autor, em Regent *street*. Para o encontro foram convidadas as principais figuras da imprensa e vários doutores ligados às ciências.

No dia seguinte, ao receber das mãos do mordomo fiel os jornais do dia, Arthur C. Davenport admirou-se ao verificar o tamanho da repercussão que haviam alcançado. Tanto o *The Times*, como o *Daily Telegraph*, assim como o *Morning Post* noticiaram o evento, sendo unânimes em afirmar que os convidados reunidos para a sessão tinham pedido uma crítica severa e que todas as providências fossem tomadas contra a fraude e a mistificação.

Arthur pegou o *Morning Post* e pôs-se a ler:

> As pessoas convidadas a assistir às manifestações da noite passada eram em número de doze ou catorze, todas tidas como de considerável distinção nas respectivas profissões que exercem. Em sua maioria jamais haviam assistido a qualquer coisa no gênero. Todas, entretanto, estavam determinadas a descobrir e, se possível, denunciar, qualquer tentativa de mistificação. Os irmãos Davenport são de pequena estatura, de aparência distinta, e as últimas pessoas no mundo de quem se poderia esperar uma grande demonstração de força.

O investigador prosseguiu avidamente com a leitura, onde o articulista contou que, assim que os médiuns chegaram, foram informados de que seus planos iniciais tinham sido al-

O Cético | 233

terados e que a sala que haviam escolhido fora trocada por outra justamente para se prevenir qualquer possibilidade de fraude. Em seguida, suas roupas e calçados foram sumariamente inspecionados. O jornalista explicou também que os instrumentos que os médiuns usariam, cerca de seis violões e dois tamborins, haviam sido trazidos de uma loja próxima, evitando-se o uso de instrumentos que pertencessem aos próprios médiuns. Depois os irmãos foram amarrados com as mãos atadas às costas, com uma corda nova que um dos presentes trouxera para esse devido fim, sendo que, na sequência, seus respectivos laços foram amarrados, selados com lacre e carimbados. Um violão, um violino, um tamborim, dois sinos e uma trombeta de latão foram colocados no piso da cabine. Então, as portas foram fechadas e se fez luz bastante na sala para que se pudesse ver o que acontecia lá dentro. Houve uma verdadeira babel de sons que se produziam dentro da cabine, em seguida, suas portas puseram-se a abrir e fechar com violência e subitamente alguns instrumentos foram jogados para fora; no mesmo espaço de tempo, várias mãos luminosas puderam ser vistas saindo pelo orifício em forma de losango que havia ao centro da porta da cabine.

O jornalista, estarrecido, seguiu narrando as diversas e inexplicáveis ocorrências que os irmãos médiuns haviam provocado, para depois, finalmente, afirmar:

> Tudo quanto pode ser garantido é que as demonstrações que descrevemos ocorreram, na presente ocasião, em circunstâncias que excluem toda presunção de fraude.[9]

Arthur dobrou o jornal em dois e o colocou diante de si sobre a mesa de trabalho. Novamente era assaltado por sentimentos que o remetiam ao passado; tempo em que teria sido o primeiro da fila a atacar e a duvidar da mediunidade dos irmãos

---

[9] O trecho retirado acima está registrado nas páginas 192-193 do livro *História do espiritismo*, de Arthur Conan Doyle.

234 | José Bento / Ada May

Davenport, que à época julgara serem habilidosos mistificadores e charlatões.

No entanto, naquele momento sentia-se verdadeiramente satisfeito por estar diante de evidências que comprovavam que não havia qualquer indício de fraude num experimento que fora absolutamente controlado por pessoas idôneas, entre eles, a imprensa e alguns cientistas que atestavam que os fenômenos verificados eram reais.

– Um êxito?! Quem diria... – pensou o ex-cético em voz alta, sentindo-se inesperadamente satisfeito com o resultado alcançado pelos médiuns americanos com quem compartilhava o sobrenome.

Porém, talvez fosse um pouco cedo para comemorar o reconhecimento da dupla, já tão polemicamente acusada e atacada, e que nos últimos tempos vinha tentando atrelar seu desempenho à bandeira do espiritismo.

Praticamente um ano depois da passagem dos irmãos pela Inglaterra, eis que Arthur novamente os encontrava estampando manchetes de jornal. Desta vez era o *Courrier de Paris du Monde Illustré*, na edição publicada em 15 de setembro de 1865, que noticiava as façanhas da dupla em território francês.

Segundo afirmava o periódico, sua primeira sessão pública fora realizada no dia 12 de setembro de 1865, na sala Hertz, onde os irmãos montaram seu tradicional gabinete mediúnico no centro de um palco. Como sempre, eles foram devidamente imobilizados por cordas que em tese evitariam que pudessem pegar e tocar os instrumentos que fariam parte da apresentação.

No entanto, lá pelo meio do 'espetáculo mediúnico', um espectador destacou-se da multidão, subiu repentinamente ao palco e invadiu o tal gabinete, descobrindo uma grande fraude. Na ocasião, um espectador bastante cético demonstrou à plateia embasbacada que, na região abaixo da cabine onde os médiuns ficavam, algumas das tábuas do palco haviam sido soltas para abrir um vão que permitia que assistentes de carne e osso ajudassem os irmãos trapaceiros a realizar os tais 'fenômenos mediúnicos'. O gerente da sala de espetáculos teve muito trabalho para conter a multidão enraivecida que queria linchar os irmãos vigaristas, sendo que os ânimos só se acalmaram depois que o dinheiro dos ingressos foi devidamente devolvido.

Arthur se pegou pensando que aquela não era a primeira vez e tampouco seria a última que o espiritismo seria envolvido por polêmicas desnecessárias promovidas pela imprensa sensacionalista. Porém, a pergunta que mais o incomodava era:

"Será que os irmãos Davenport teriam enganado todo mundo desde o início? Ou seriam médiuns verdadeiros cujos fenômenos só conseguiriam demonstrar com honestidade em circunstâncias mais favoráveis?"

Depois de muito analisar a questão, o investigador chegou à conclusão de que muito provavelmente os irmãos estavam sendo vítimas da maldição que acomete todo médium que tenta comercializar seu dom. Como Kardec já explicara no livro que dedicara exclusivamente ao trato da mediunidade, *O livro dos médiuns*, os espíritos superiores jamais se submeteriam à vontade de pessoas ambiciosas que decidissem obter lucro, marcando hora e lugar para realizar grandes apresentações voltadas ao público pagante. Uma coisa era ter êxito numa sessão privada, promovida para pessoas cujo objetivo fosse comprovadamente sério e elevado, já outra bem diferente seria usar a exibição dos fenômenos para fins mesquinhos e pecuniários. Uma tal temeridade jamais poderia receber o aval da espiritualidade superior, que obviamente deixaria esse tipo de médium a ver navios.

"Espero que eles tenham aprendido uma lição!" – pensou Arthur, mas, como grande conhecedor da natureza humana, sabia que os trapaceiros esperariam a poeira baixar e voltariam à carga noutro lugar assim que fosse seguro fazê-lo.

– São sujeitos como esses que denigrem a imagem dos verdadeiros médiuns e, por consequência, fornecem munição contra o espiritismo – concluiu o investigador, pesaroso.

17

Londres, Inglaterra.
Julho de 1867.

No verão desse mesmo ano, Arthur e Edward perderam a companhia de uma grande amiga, *lady* Beatrice Sutherland, que faleceu subitamente, vítima de uma pneumonia. E como não dispunha de herdeiros em sua própria família, a gentil senhora deixou sua excepcional fortuna para o orfanato que Arthur havia criado. Por conta dessa generosidade, a instituição, que adotou seu nome para homenagear sua benfeitora, pôde estender ainda mais o alcance de seu trabalho e passou a acolher em seu educandário diferenciado crianças francesas e também irlandesas. Em seu testamento, *lady* Sutherland declarava que essa havia sido a forma que encontrara para ter uma família bem grande, repleta de filhos queridos. De todos eles, certamente seria Maurice quem mais sofreria com seu súbito desaparecimento, pois estava acostumado a tê-la como uma amada avó, e praticamente a única figura feminina presente em sua vida, já que seu pai nunca mais se casara.

Por essa mesma época, Arthur ainda estudava firmemente o espiritismo. Agora que o Instituto Jeanne Maginot de Psiquia-

238 | JOSÉ BENTO / ADA MAY

tria seguia trabalhando de vento em popa, o obstinado investigador continuava empenhado em encontrar opiniões científicas que abalizassem os tratamentos que os médicos da ciência tradicional insistiam em classificar como alternativos.

Determinado a mudar a tosca visão científica da época em que vivia, Arthur C. Davenport também estudava obstinadamente os trabalhos dos diversos cientistas que se dedicavam ao assunto de forma específica. Começou lendo Robert Hare, depois passou para o casal Augustus de Morgan e Sofia Morgan e tantos outros. Sempre seguindo adiante, discutindo, participando de simpósios, de mesas redondas em universidades, enfim, atuando e divergindo da opinião da grande maioria dos intelectuais e estudiosos da Europa.

No entanto, uma questão em aberto continuava a atormentar sua mente inquieta, principalmente porque fora essa mesma questão que o levara a discutir com sua amada esposa, num passado em que havia sido uma pessoa completamente inflexível.

Entretanto, a pertinência da questão persistia, porque sua paulatina mudança de lado o havia colocado frente a frente com o inimigo, justamente seus antigos aliados, os céticos doutores que afirmavam que o espiritismo jamais poderia ser considerado como ciência, fosse nova ou velha.

Portanto, depois de muito pensar a respeito, Arthur decidiu que somente o próprio Allan Kardec poderia elucidar a questão que era de vital importância para a causa que havia abraçado. Foi como leitor assíduo de seus livros, assinante da *Revista Espírita* e sócio-diretor da Sociedade de Estudos Espíritas de Londres, que Arthur decidiu escrever diretamente ao fundador da doutrina espírita para perguntar qual seria a melhor estratégia para responder aos ataques de seus letrados antagonistas. A resposta à longa carta que ele havia escrito chegou às suas mãos alguns dias depois e dizia entre outras coisas:

> Eis um fato capital, senhores, que deve ser proclamado bem alto. Não, o espiritismo não é uma concepção indivi-

O Cético | 239

dual, um produto da imaginação; não é uma teoria, um sistema inventado para a necessidade de uma causa; tem sua fonte nos fatos da própria natureza, em fatos positivos, que se produzem a cada instante sob os nossos olhos, mas cuja origem não se suspeitava. É, pois, resultado da observação; numa palavra, uma ciência: a das relações entre o mundo visível e o mundo invisível; ciência ainda imperfeita, mas que se completa todos os dias por novos estudos e que, tende certeza, ocupará o seu lugar ao lado das ciências positivas. Digo positivas, porque toda ciência que repousa sobre fatos é uma ciência positiva, e não puramente especulativa.

O espiritismo nada inventou, porque não se inventa o que está na natureza. Newton não inventou a lei da gravitação; esta lei universal existia antes dele. Cada um a aplicava e lhe sentia os efeitos, embora não a conhecessem.

O espiritismo, por sua vez, vem mostrar uma nova lei, uma nova força da natureza: a que reside na ação do espírito sobre a matéria, lei tão universal quanto a da gravitação e da eletricidade, conquanto ainda desconhecida e negada por certas pessoas, como o foram todas as outras leis na época de suas descobertas. É que os homens geralmente têm dificuldade em renunciar às suas ideias preconcebidas e, por amor-próprio, custa-lhes reconhecer que estavam enganados, ou que outros tenham podido encontrar o que eles mesmos não encontraram.

Mas, em última análise, como esta lei repousa sobre fatos, e contra os fatos não há negação que possa prevalecer, terão de render-se à evidência, como os mais recalcitrantes o fizeram quanto ao movimento da Terra, a formação do globo e os efeitos do vapor. Por mais que acusem os fenômenos de ridículos, não podem impedir a existência daquilo que é.

Assim, o espiritismo procurou a explicação dos fenômenos de uma certa ordem e que, em todos os tempos, se produziram de maneira espontânea. Mas, sobretudo, o que o favoreceu nessas pesquisas é que lhe foi dado, até certo ponto, o poder de produzi-los e de provocá-los. Encontrou nos médiuns instrumentos adequados a tal efeito, como o físico encontrou na pilha e na máquina elétrica os meios de reproduzir os efeitos do raio. É fácil compreender que isto não passa de uma comparação; não pretendo estabelecer uma analogia.

Mas há aqui uma consideração de alta importância: é que, em suas pesquisas, ele não procedeu por via de hipóteses, como o acusam; não supôs a existência do mundo espiritual para explicar os fenômenos que tinha sob as vistas; procedeu por meio da análise e da observação; dos fatos remontou à causa e o elemento espiritual se lhe apresentou como força ativa; só o proclamou depois de havê-lo constatado.

Como força e como lei da natureza, a ação do elemento espiritual abre, assim, novos horizontes à ciência, dando-lhe a chave de uma imensidão de problemas não incompreendidos. Mas, se a descoberta de leis puramente materiais produziu revoluções materiais no mundo, a do elemento espiritual nele prepara uma revolução moral, pois muda totalmente o curso das ideias e das crenças mais arraigadas; mostra a vida sob outro aspecto; mata a superstição e o fanatismo; desenvolve o pensamento, e o homem, em vez de arrastar-se na matéria, de circunscrever sua vida entre o nascimento e a morte, eleva-se ao infinito; sabe de onde vem e para onde vai; vê um objetivo para o seu trabalho, para os seus esforços, uma razão de ser para o bem; que nada do que adquire na Terra, em saber e moralidade, lhe é perdido, e que seu progresso continua indefinidamente no além-túmulo; sabe que há sempre um futuro para si, sejam quais forem a insuficiência e a brevidade da existência presente, ao passo que a ideia materialista, circunscrevendo a vida à existência atual, dá-lhe como perspectiva o nada, que não tem por compensação sequer a duração, que ninguém pode aumentar à vontade, já que

O CÉTICO | 241

podemos cair amanhã, em uma hora, e então o fruto dos nossos labores, nossas vigílias, dos conhecimentos adquiridos para nós estarão perdidos para sempre, muitas vezes sem termos tido tempo de desfrutá-los.

O espiritismo, repito, ao demonstrar, não por hipótese, mas por fatos, a existência do mundo invisível e o futuro que nos aguarda, muda completamente o curso das ideias; dá ao homem a força moral, a coragem e a resignação, porque não mais trabalha apenas pelo presente, mas pelo futuro; sabe que, se não gozar hoje, gozará amanhã. Demonstrando a ação do elemento espiritual sobre o mundo material, amplia o domínio da ciência e, por isto mesmo, abre nova via ao progresso material. Então terá o homem uma base sólida para o estabelecimento da ordem moral na Terra; compreenderá melhor a solidariedade que existe entre os seres deste mundo, já que esta solidariedade se perpetua indefinidamente; a fraternidade deixa de ser palavra vã; ela mata o egoísmo, em vez de por ele ser morta e, muito naturalmente, o homem imbuído destas ideias a elas conformará suas leis e suas instituições sociais.[10]

Depois desse episódio inaugural, essa correspondência se perpetuaria pelos anos seguintes, com Arthur acompanhando atentamente toda a produção editorial do Codificador do espiritismo. Em 1865, Kardec já tinha publicado um novo *best-seller*, *O céu e o inferno ou a justiça divina segundo o espiritismo*, como foi chamado a princípio. Em janeiro de 1868, seria a vez de *A gênese, os milagres e as predições segundo o espiritismo*. Arthur acompanhava o agora renomado escritor de perto, estudando a filosofia espírita e ajudando a divulgá-la com vigor por toda a Inglaterra, toda vez que o mestre lionês publicava uma nova obra. Arthur C. Davenport e Allan Kardec continuaram a trocar cartas sempre que o intercâmbio

---

[10] Trecho publicado na edição de novembro de 1864, na *Revista Espírita*, FEB.

de ideias se fazia necessário, estabelecendo ao longo dos anos uma verdadeira amizade epistolar.

Entre os anos de 1868 e 1869, o espiritismo ainda enfrentava uma grande oposição vinda dos padres da igreja católica e também da anglicana. Ambas davam amplo combate aos lunáticos pagãos, adeptos do espiritismo. Inutilmente, Arthur fez um novo contato com o eminente bispo de Londres, outrora seu amigo e aliado, para tentar fazê-lo ver o espiritismo de um ponto de vista mais ecumênico, menos político e mais cristão. Parece que sua fama de 'convertido' havia se disseminado pela cidade, porque o bispo não quis recebê-lo de jeito nenhum. Como um bom *terrier*, Arthur não largava facilmente do pé de sua presa depois de tê-la farejado, por isso enviou ao bispo uma longa carta onde expunha seus pontos de vista sobre filosofia e religião clareados pela luz do espiritismo. O eminente bispo devolveu uma carta com duas frases, apenas para avisá-lo de que estava excomungado da sua igreja.

– Questão encerrada. Um a menos no exército da igreja e na obediência ao arcebispo de Cantuária! – concluiu o antigo cético e agora também o antigo anglicano.

Paris, França.
Abril de 1869.

A toda hora, o advogado, investigador e filantropo inglês Arthur C. Davenport tirava o relógio do bolso de seu colete, verificava o horário e voltava a guardá-lo no mesmo lugar. Finalmente o cocheiro chegou para buscá-lo no desembarque de passageiros do porto de Paris,[11] onde seu patrão o aguardava ansiosamente.

---

[11] Desde 1836, Paris contava com uma viagem de barco diária através do rio Sena a Le Havre, por onde se chegava da Inglaterra.

O Cético | 243

– Está atrasado mais de quinze minutos, Vincent!

– Perdão, patrão, mas a cidade está mergulhada em tumulto por causa do cortejo fúnebre de *monsieur* Allan Kardec. Há uma verdadeira multidão acompanhando o féretro e o tráfego está impossível...

– Quem? Como? Por Deus, Vincent, será que você entendeu direito o nome do ilustre morto?

– Tenho certeza absoluta, senhor! – respondeu o cocheiro, sentindo-se um tanto ofendido com a desconfiança de seu patrão.

– Desculpe-me, Vincent. É que isso é algo inimaginável! Vim à França unicamente para me encontrar e conversar pessoalmente com *monsieur* Allan Kardec! De modo algum eu poderia esperar que algo assim acontecesse...

– Sinto muito, senhor.

– Ah, eu que sinto ter chegado tarde demais para encontrá-lo! Por favor, siga o cortejo! Quero ir até o cemitério.

Era o dia 2 de abril e passava da uma hora da tarde quando a carruagem de Arthur cruzou com a verdadeira multidão de amigos e simpatizantes do escritor que acompanhava o cortejo fúnebre pelas ruas de Paris em direção ao cemitério de Montmartre.[12]

Diante do tumulto, Arthur dispensou o cocheiro e saltou nas proximidades da *rue* Fontaine, de onde seguiu a pé até seu destino. Enquanto caminhava, Arthur pensava na estranheza de fazer uma viagem para encontrar com alguém e só chegar a tempo de participar de seu enterro.

A ironia maior foi perceber que o túmulo de *monsieur* Kardec estava localizado justamente na vizinhança do túmulo de sua amada esposa, Jeanne.

– Eis que a morte prematura sempre vem ceifar aqueles que me são caros! – lamentou-se o viúvo, pensando na esposa e também no mentor e amigo epistolar.

"Agora, vocês serão vizinhos" – pensou Arthur.

---

[12] O corpo de Allan Kardec foi enterrado inicialmente no cemitério de Momtmartre. Apenas a 29 de março de 1870, seus despojos foram transladados para o cemitério do Père-Lachaise, sob um monumento druida.

244 | JOSÉ BENTO / ADA MAY

Nesse instante, o vento que uivava entre os mausoléus, trouxe a voz de alguém que discursava diante do túmulo de Kardec alguns metros adiante, e Arthur começou a prestar atenção para tentar compreender o que estava sendo dito:

– O corpo cai, a alma fica e retorna ao espaço. Encontrar-nos-emos num mundo melhor. A imortalidade é a luz da vida, como este sol brilhante é a luz da natureza. Até breve, meu caro Allan Kardec. Até breve... – despediu-se o cavalheiro, a voz embargada pela emoção. Arthur observou o homem alto, todo vestido de negro, cuja fisionomia à distância não lhe permitia distinguir.

"Belas palavras! Que pequenez a minha, supor que Jeanne e Kardec serão vizinhos de túmulo, quando tem um universo inteiro à disposição de seus espíritos imortais."

Já à saída do cemitério, Arthur avistou um seu conhecido, o juiz August Dijon, que lhe pareceu mais velho que o próprio tempo.

– Que pena reencontrá-lo num dia tão infeliz, caro juiz! – disse Arthur, cumprimentando o amigo.

– Com certeza, meu filho! Uma perda irreparável para todos os que prezam a honra e o bom senso.

– Além de um trabalhador incansável, admirado por todos – completou Arthur.

Já do lado de fora de Montmartre, quando o advogado ajudava o velho juiz a subir em seu suntuoso landau, passou por eles um homem vestido de negro, que Arthur reconheceu como o mesmo que ele vira apenas de longe, discursando ao pé do túmulo do escritor.

– O senhor conhece aquele cavalheiro? – perguntou Arthur, curioso.

– É Camille Flammarion, o jovem astrônomo.

Dois dias depois, Arthur pegou o vapor de volta a Londres. Não havia nada que o prendesse em Paris por mais tempo e as recordações que a bela cidade trazia faziam seu coração latejar. Quando o navio deixou o porto, Arthur teve um pressentimento de que jamais voltaria a vê-la.

Epílogo

Londres, Inglaterra.
Outubro de 1897.

— Olhe vovô! É uma borboleta azul! É do tipo especial, não é?
— Sim, querido Jean. A borboleta azul vem ao nosso jardim por causa do néctar das rosas. Bom, pelo menos era o que sua bisavó me dizia quando eu era do seu tamanho e as perseguia por aí. Será que você consegue pegar uma para nossa coleção? – desafiou o avô.
— Vou tentar... – prometeu o menino loiro, os olhos cor de mel postos na borboleta que sobrevoava em círculos um canteiro repleto de rosas.
Enquanto o pequeno Jean corria atrás de um novo espécime para sua coleção, Arthur repousou a cabeça no espaldar de sua cadeira, sentindo um súbito cansaço. Sua visão já não era a mesma de antes e, mal o neto deu meia dúzia de passos entre os arbustos, Arthur não pôde mais divisá-lo entre a folhagem.
— Pobre investigador: quem te viu e quem te vê... – murmurou para si mesmo, irritado com a deficiência que a idade lhe impunha.
Subitamente, Arthur sentiu uma dor aguda no peito, como se uma espada afiada tivesse sido fincada em seu velho e cansado coração.

Paris, França.
Outubro de 1897.

Outra vez, o sol avermelhado do poente se escondia no horizonte, quando o esquife de *sir* Arthur C. Davenport foi baixado à sepultura, no mausoléu da família Maginot, no cemitério de Montmartre, em Paris, atendendo à sua disposição de que seus restos mortais fossem colocados junto aos de sua amada esposa.

"De cético renitente a humilde trabalhador da causa espírita" – dizia o epitáfio grafado em sua lápide, que correspondia a sua última vontade, registrada numa carta que ficara com um advogado para que fosse entregue ao seu filho na ocasião de seu falecimento.

– Até breve, meu irmão! – despediu-se Edward, visivelmente emocionado, enquanto ajudava o pequeno Jean a colocar nos vasos que adornavam o túmulo as imaculadas rosas brancas que sua gentil mãe havia trazido.

– Agora, companheiro, somos apenas nós para cuidar da tripulação na bendita nau dos Davenport... – disse Maurice, abraçando ternamente o velho médico, a quem amava como um segundo pai.

– Eu seguirei capitaneando o hospital, enquanto Deus me permitir fazê-lo, mas não se iluda, porque logo há de chegar a hora de lhe passar o leme...

– Previu a pitonisa do oráculo de Delfos ao consulente que viera da distante Atenas em busca de notícias do além... – respondeu Maurice, brincando.

Assim, ao som dos sinos de Montmartre que badalavam para avisar aos visitantes remanescentes que chegara a hora de fechar, a comovida família de *sir* Arthur C. Davenport despediu-se de seu patriarca e mentor.

O sol iluminava o jardim com a luz dourada do poente.

"Terei adormecido sentado aqui no jardim?" – pensou Arthur, algo aturdido, piscando os olhos repetidamente.

Logo adiante, caminhando entre os canteiros de camélias e amores-perfeitos, Arthur percebeu que alguém se aproximava:

– Jean, seu pequeno maroto! É você? – Arthur perguntou, enceguecido pela intensa luminosidade que o impedia de identificar a silhueta que vinha ao seu encontro.

– Sou eu, meu querido Arthur! Sou eu! – respondeu Jeanne, enlaçando-o carinhosamente.

Num átimo, a presença da esposa bastou para que Arthur compreendesse o que havia sucedido.

– Você sempre teve razão, querida! O reencontro é certo... – concluiu o investigador, finalmente podendo abraçar o grande amor de sua vida.

Por certo, um amor construído em muitas outras vidas. Ora como um par romântico, depois renascendo como um pai e sua filha favorita; noutra oportunidade sendo uma irmã e seu irmão predileto. São espíritos afins, capazes de se reconhecerem pela eternidade afora, onde quer que se reencontrem, apenas porque se amam demais. Simples assim.

Fim

Conversinha com o Autor do Além

Pergunta: – Caro amigo Zé Bento, você também foi um cético em sua última encarnação?

Resposta: – Sim! Sim! Sim! Fui cético por tanto tempo, e me arrependo do tempo que perdi duvidando, quando poderia estar produzindo, participando, concluindo coisas inteligentes sobre o assunto. Porém, desperdicei muito tempo inquirindo desnecessariamente e, mesmo já crendo, subitamente eu voltava a ser convencido pela descrença alheia.

Minha esposa, apesar de ser o veículo, a médium principal de nossas sessões, não acreditava. E, se às vezes acreditava, em seguida já desacreditava, e eu sempre tive suas opiniões em alta conta. Acho que foi a única vez que seu erro de julgamento nos atrapalhou.

Também havia minha contrariedade visceral em ceder a qualquer tipo de doutrinação religiosa e qualquer espécie de 'conversão' me abominava o 'espírito'. Acho que a essa época eu achava que iria viver muito ainda, que haveria tempo para dedicar a esse estudo. Porém, eu estava errado! O tempo urgia e eu o desperdicei com troças e velhacarias sem fundamento. Quando deveria ter dedicado esses últimos anos ao estudo fecundo e iniciado um novo postulado ainda nessa vida. Poderia ter entrado para a história e servido ao meu país como um espírita da primeira hora, mas perdi o bonde! Duvidando, inquirindo, mesmo apesar de já estar convencido do assunto.

Depois, veio a doença e minha cabeça se perdeu nas brumas. Depois disso, nunca mais fui o mesmo. Estava irremediavelmente abatido, alvejado, imprestável. Depois, o véu da morte.

A ressurreição! Claro, ora bolas! Eu já sabia, mas como bom são Tomé, precisei 'ver' para acreditar. O problema é que, de braço com a convicção, estava a morte! Adeus testemunho pessoal.

Agora, como bens sabes, sou apenas o Zé Bento. O seu, o dos meus amigos e de alguns familiares. Para o mundo, estou devidamente morto e enterrado!

Por isso, trabalhos como este são minha esperança de pagar essa dívida que tenho com o espiritismo.

Quando cá cheguei de volta, fui recebido por uma multidão de amigos e parentes. Posso dizer, com a culpa do pecador orgulhoso que sou, que foi uma verdadeira festa.

Sim! Reencontrei meus filhos bem-amados. Fomos juntos para os bancos da escola aprender o que devíamos ter aprendido aí na Terra.

Estudamos adivinhe o quê? O espiritismo, *of course*!

Bom, o resto você já sabe! Quis fazer este livro em homenagem ao Kardec, grande camarada, porque estava em dívida com ele e com a doutrina que ele apadrinhou.

Foram eles que me consolaram e instruíram quando aqui cheguei. Então, a dívida aumentou demais.

Oxalá o livro possa ser publicado para que ela possa ser diminuída. E como é bom utilizar a psicografia. Perto dela, aquele copinho que usávamos em nossas sessões era um nada, um grão de arroz. Esta é uma experiência maravilhosa!

Aproveito para fazer uma inconfidência. Arthur C. Doyle é também nosso padrinho neste livro! Ao contrário de mim, ele soube perceber a verdade a tempo e deixou seu nome na história do Espiritismo, com 'e' maiúsculo.[13] Ele aprova o livro, o estilo, e deu seus pitaquinhos.

See you soon.
Zé Bento

---

[13] A referência do autor espiritual ao "Espiritismo, com 'e' maiúsculo" é uma ironia à norma da editora Lachâtre de grafar espiritismo com 'e' minúsculo, norma, aliás, idêntica à utilizada pelo mestre Allan Kardec em suas obras.

Bibliografia Suplementar

AUDI, Edson. *Vida e obra de Allan Kardec*. Niterói: Lachâtre, 2004.
DOYLE, Arthur Conan. *As aventuras de Sherlock Holmes*. Trad. Maria Luiza X. de A. Borges. Rio de Janeiro: Zahar, 2012.
_____. *As memórias de Sherlock Holmes*. Trad. Maria Luiza X. de A. Borges. Rio de Janeiro: Zahar, 2014.
_____. *A terra da bruma*. Trad. Maria Luiza X. de A. Borges. Rio de Janeiro: Zahar, 2014.
_____. *História do espiritismo*. Trad. Júlio Abreu Filho. São Paulo: Pensamento, 2010.
DUFAUX, Ermance. *Joana D'Arc por ela mesma*. Trad. Paulo Machado Afonso. São Paulo: Petit, 2008.
GALLO, Max. *Victor Hugo*. Tomo II, 1844-1885. Trad. Jorge Bastos. Rio de Janeiro: Bertrand Brasil, 2001.
JUNIOR, Lamartine Palhano. *Meninas do barulho – A história real das irmãs Fox de Hydesville*. Bragança Paulista: Lachâtre, 2013.
KARDEC, Allan. *A gênese*. Rio de Janeiro: Federação Espírita Brasileira, 2004.
_____. *O céu e o inferno*. Rio de Janeiro: Federação Espírita Brasileira, 2004.
_____. *O evangelho segundo o espiritismo*. Rio de Janeiro: Federação Espírita Brasileira, 2004.
_____. *O livro dos espíritos*. Rio de Janeiro: Federação Espírita Brasileira, 2004.
_____. *O livro dos médiuns*. Rio de Janeiro: Federação Espírita Brasileira, 2004.

254 | JOSÉ BENTO / ADA MAY

_____. *Obras póstumas*. Rio de Janeiro: Federação Espírita Brasileira, 2006.

_____. *Revista Espírita – Jornal de estudos psicológicos*. Trad. Evandro Noleto Bezerra. Rio de Janeiro: Federação Espírita Brasileira, 2004. [Coleção completa.]

MARTINS, Jorge Damas *et* Barros, Stenio Monteiro. *Allan Kardec – Análise de documentos bibliográficos*. Rio de Janeiro: Lachâtre, 1999.

MAIOR, Marcel Souto. *Kardec – A biografia*. Rio de Janeiro: Record, 2013.

MONTEIRO, Rodrigo Nunes B. *et alii*. *Em torno de Rivail – O mundo em que viveu Allan Kardec*. Bragança Paulista: Lachâtre, 2004.

PUGLIESE, Adilton. *Daniel Dunglas Home – O médium voador*. Santo André: EBM, 2013.

PRIORE, Mary del. *Do outro lado – A história do sobrenatural e do espiritismo*. São Paulo: Planeta, 2014.

RIBAS, Maria José Sette. *Monteiro Lobato e o espiritismo – As sessões espíritas de Monteiro Lobato narradas por ele mesmo*. Bragança Paulista: Lachâtre, 2004.

Se você gostou deste romance, certamente gostará de
O Magneto, de Mauro Camargo

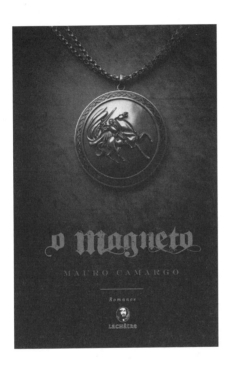

O Magneto – Uma descoberta inesperada no porão de uma residência rural do interior da França é o ponto de partida para um romance eletrizante. Nesta obra, você terá oportunidade de conhecer um dos mais insólitos empreendimentos, que uniu para a sua realização o Brasil e a França, envolvendo o socialismo, a homeopatia e o magnetismo animal, ciências precursoras do espiritismo.

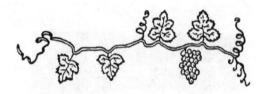

Esta edição foi impressa, em fevereiro de 2015, pela Intergraf Gráfica Ltda., de São Bernardo do Campo, SP, sendo tiradas três mil cópias em formato fechado 15,5 x 22,5cm, em papel Off-set 75g/m² para o miolo e Cartão Supremo 300g/m² para a capa. O texto principal foi composto em Berkeley LT 12/13,8. A capa foi elaborada por César França de Oliveira. A pintura utilizada na capa, no verso e na abertura dos capítulos é de Adolphe Martial Potémont, óleo sob o título "*Le Boulevard du Crime en 1862*" (Museu Carnavalet), e retrata um dos famosos pontos de Paris que foi destruído para a reformulação da cidade no período de Napoleão III. A cepa que encima esta página foi inspirada pelos espíritos a Allan Kardec como símbolo do espiritismo e consta em *O livro dos espíritos* desde sua primeira edição.